सुजाता पारमित

जन्म : 20 मार्च, 1955

निधन : 6 जून, 2021

सुजाता पारमिता सुप्रसिद्ध लेखक दम्पत्ति देवेंद्र कुमार बैसंत्री और कौशल्या वैसंत्री की बेटी थीं। प्रारम्भ से ही सांस्कृतिक अभिरुचियों से सम्पन्न सुजाता भारतीय फिल्म एवं टेलीविजन संस्थान, पुणे से 1976 बैच की स्नातक थीं। उन्होंने कई लघु फिल्मों और नाटकों में अभिनय किया। 1980 में उन्होंने दिल्ली में आह्वान थियेटर की स्थापना की और बकरी, देवदासी, मुलट्टो, तथा सुनो कॉमरेड आदि कई नाटकों का निर्देशन किया। आह्वान थियेटर ने पंडवानी और छऊ जैसे लोकनृत्यों का भी आयोजन किया। वे वार्ली चित्रकला समेत अनेक ऐसी लोककलाओं पर विशेष रूप से कार्य कर रही थीं जो दलितों से जुड़ी थीं। वे एक चिंतनशील लेखिका थीं । अपने दौर के सभी ज्वलंत मुद्दों पर उन्होंने बेबाकी से कलम चलाई। वैचारिक मुद्दों पर आलेखों की यह उनकी पहली किताब है।

सुजाता पारमिता

मानसे की जात

भूमिका

सुधा अरोड़ा

लोकभारती पेपरबैक्स

प्रथम पेपरबैक संस्करण : 2024

लोकभारती पेपरबैक्स : उत्कृष्ट साहित्य के लोकप्रिय संस्करण

लोकभारती प्रकाशन
पहली मंजिल, दरबारी बिल्डिंग, महात्मा गांधी मार्ग
प्रयागराज-211 001

वेबसाइट: www.lokbhartiprakashan.com
ईमेल : info@lokbhartiprakashan.com

शाखाएँ : 1-बी, नेताजी सुभाष मार्ग, दरियागंज
नई दिल्ली-110 002
अशोक राजपथ, साइंस कॉलेज के सामने
पटना-800 006
1, अनमोल सोराबजी संतुक लेन, मरीन लाइंस
मुम्बई-400002

ग्राफिक आफसेट
प्रयागराज द्वारा मुद्रित

मूल्य : ₹ 225

MANSE KI JAAT
by Sujata Parmita

ISBN : 978-81-19996-29-2

फुले-अम्बेडकर वैचारिकी को
बचाए रखने के लिए जूझते
श्रमजीवी समाज
को

अनुक्रम

भूमिका

संस्मरण

आलेख

संघर्ष और सरोकार

सपने और परछाइयाँ

मीडिया और दलित

सामाजिक क्रान्तिकारी

दलित स्त्रीवाद की सांस्कृतिक विरासत

संस्मरण

आकलन

भूमिका

श्रमजीवी सौन्दर्यबोध की रचनाकार : सुजाता पारमिता

सुधा अरोड़ा

कुछ लोग ऐसे होते हैं जिनकी मेधा, प्रतिभा और जिजीविषा का प्रकृति साथ नहीं देती। वे अपनी ज़िन्दगी में आए अवरोधों और मुश्किलों को जितना अपने ठेंगे पर रखते हैं, जितना उनसे दो-चार होने का हौसला रखते हैं, प्रकृति उनके लिए उतनी ही ज़्यादा विध्वंसक होती है। सुजाता पारमिता ऐसी ही एक शख्सियत थीं—चारों ओर आपदाओं से घिरी हुई लेकिन जिसने कभी मुस्कुराना नहीं छोड़ा। उसके इस हार न माननेवाले स्वभाव ने मुझे कई बार अचम्भित भी किया और लड़ने की ताकत और हौसला भी दिया। वह मेरी ज़िन्दगी में आईं मेरी सबसे जुझारु मित्र थीं। हम सब मित्रों के लिए सुजाता जिजीविषा की ज़िन्दा मिसाल थीं। अपनी ज़िन्दगी के झाड़-झंखाड़, आपदा-विपदा के साथ वह हमेशा गलबहियाँ डालकर चलती रही। शायद इसी ताकत ने कई-कई बार डॉक्टरों के हाथ खड़ा कर देने के बाद भी, सुजाता को अपनी इच्छा शक्ति के बूते पर खड़े रहने की हिम्मत दी। बहुत तकलीफ़ में भी मैंने उसे कभी कराहते हुए या शिकायत करते नहीं देखा। शारीरिक और आर्थिक संकटों के कई मोर्चों पर एक साथ लड़ते हुए भी, देश समाज पर और दलित मुद्दों पर उसकी पकड़ कभी ढीली नहीं हुई। अपनी गम्भीर अस्वस्थता के दौरान भी, देश के हर ज्वलन्त मुद्दे पर उसका बहुत साफ़ और बेबाक नज़रिया था। कई बार ज़िद की हद तक वह उस पर कायम रहती थी। वैचारिकता को लेकर कभी उसके मन में कभी कोई धुन्ध या अस्पष्टता नहीं रही।

फुले-अम्बेडकर की विचारधारा को जीनेवाली सुजाता पारमिता अब हमारे बीच नहीं हैं। समाज की क्रूरताओं और नाइंसाफ़ियों से वह अकेले ताउम्र लड़ती रहीं। रिश्तों के खोखलेपन से गुजरते हुए भी उन्हें बिखरने न देना और अपनी

ओर से भरसक सुर-ताल बनाए रखना उसकी फितरत थी। लगातार गिरते हुए स्वास्थ्य के बहुत मुश्किल समय में भी अपनी फ़िक्र न करते हुए समाज को संगठित करने के उधेड़बुन में लगे रहना, साँस के आखिरी छोर तक अपनी सोच और अपने सरोकार को कागज पर उकेरने की जद्दोजहद ही सुजाता को विशिष्ट और विरल बनाती है।

सन् 2004 में मैंने 'कथादेश' में 'औरत की दुनिया' स्तम्भ की शुरुआत की थी। सन् 2006 में दलित स्त्रीवादी कवि और चिन्तक रजनी तिलक के बुलावे पर मैं इंडिया सोशल फ़ोरम के एक कार्यक्रम में शिरकत करने दिल्ली गई थी। कार्यक्रम के बाद सुजाता पारमिता से मेरी पहचान हुई। मैंने उसे अपनी माँ पर लिखने का आमन्त्रण दिया तो उसने माँ से पहले अपनी नानी पर एक बेहद दिलचस्प संस्मरण लिखा। माँ कौसल्या बैसन्त्री के बारे में भी बताया कि माँ ने कैसे बहुत दबे-ढके तरीके से अपनी आधी-अधूरी आत्मकथा 'दोहरा अभिशाप' लिखी थी जिसे सुजाता ने सिरे से नकार दिया। माँ से उसने कहा कि ज़िन्दगी की कड़वी सच्चाइयों को लिखने की अगर ताकत नहीं है तो फिर कलम उठाने की ज़रूरत क्या है। माँ को आख़िर बेटी की ज़िद के सामने झुकना पड़ा और 'दोहरा अभिशाप' किताब सामने आई जो हिन्दी में किसी दलित महिला की पहली आत्मकथा थी। सुजाता के उन दो-तीन संस्मरणों और कहानियों को पढ़कर ही यह अनुमान हो गया था कि वह बेहद कसा हुआ, नुकीला और दो टूक लिखती है। संस्मरण हो, कहानी हो या किसी ज्वलन्त मुद्दे पर आलेख, उससे फैलाव की उम्मीद नहीं की जा सकती थी।

सन् 2007 में कौशल्या जी अपने छोटे बेटे के घर रहने आ गई थीं जो पवई मुम्बई के मेरे घर के नज़दीक ही था। सुजाता कई बार उन्हें लेकर मेरे घर भी आईं। कौशल्या ताई को डिमेंशिया की शुरुआत हो गई थी और सुजाता का अपने भाई के घर अक्सर आना होता। बाद में माँ की देखभाल के लिए सुजाता यहीं शिफ़्ट हो गई।

सुजाता की वैचारिकता से मेरा पहला परिचय तब हुआ, जब उसने बिमल राय की बहुचर्चित और बहुप्रशंसित फ़िल्म 'सुजाता' के चुभते हुए कोनों को बड़ी बारीकी से रेखांकित किया। इस नज़रिये से मैंने फ़िल्म को कभी देखा ही नहीं था। दलित मुद्दों पर बनाई गई कई फ़िल्मों को जाँचने-परखने का सुजाता के पास बहुत तार्किक नज़रिया था। जब मैंने उसे लिखने को कहा तो उसने

आलेख को कागज़ पर तो उतारा पर उसमें बहुत-सी बातें छूट गई थीं। कई बार आलेख को और विस्तार देने का दबाव बनाने पर भी वह उसे बहुत विस्तार तो नहीं दे पाई अलबत्ता उसने कई अन्य दलित फिल्मों का भी ज़िक्र किया।

भारतीय राजनीति के साथ-साथ भारतीय कलाओं और सिनेमा पर सुजाता का नज़रिया आम सोच से अलग है। पुस्तक में शामिल 'जाति के परिप्रेक्ष्य में हिन्दी सिनेमा विवरण, विश्लेषण एवं दृष्टि' महत्त्वपूर्ण आलेख है। इस तरह के आलेख दलित सिने-दृष्टि का निर्माण करते हैं। अगर सुजाता इस दिशा में एक पूरी किताब लिख पातीं तो हिन्दी ही नहीं सम्पूर्ण भारतीय सिनेमा को देखने-समझने की नई दृष्टि का विकास हो पाता। फिर भी इस आलेख के माध्यम से हिन्दी सिनेमा को और फुले-अम्बेडकरी सिने-आलोचना दृष्टि को फिर से खंगाला जा सकता है।

सन् 2012, जब बौद्धगया बिहार में संजीव चन्दन के स्त्रीकाल के एक आयोजन में उसने देवदासी प्रथा पर अपने लिखे हुए नोट्स सामने रखे तो लिखे हुए से इतर कितने ही मुद्दों पर लम्बा विश्लेषण करती चली गई पर देवदासी प्रथा के इतिहास और शोषण पर लिखते समय उसने बहुत समेटकर ही कागज पर उड़ेला। यही स्थिति उसके सभी आलेखों के साथ थी । बेहद प्रभावी वक्ता और चिन्तक थी सुजाता ! उसने कहा था—"संस्कृति ने सभ्यताओं का निर्माण किया है और धर्म ने सभ्यताओं को नष्ट किया है।" लेकिन लिखते वक्त वह बहुत विस्तार में नहीं जाती थी। इस पुस्तक में शामिल सभी आलेख ऐसे ही संक्षिप्त लेकिन कसे हुए हैं। उसे सूक्त वाक्यों में बात करने में महारत हासिल थी—"संस्कृति के विशाल परिसर में धर्म का स्थान छोटा होता है। पिछली सदी में उभरे पूँजीवाद और वैश्वीकरण ने दुनिया भर में संस्कृति के महत्त्व को घटाकर धर्म के बाजारीकरण को प्रभावशाली बनाया है। धर्म का बाजार दुनिया में सबसे बड़ा है जो किसी भी देश की राजनीतिक दिशा तय कर सकता है।"

उसका हर आकलन शब्दों के माध्यम से डंके की चोट पर होता था - "तालिबान किसी धार्मिक या साम्प्रदायिक वर्ग का नाम नहीं है बल्कि उस मानसिकता का नाम है जो खुद को श्रेष्ठ और दूसरों को नीच समझती है। भारतीय सवर्ण हिन्दू समाज का एक हिस्सा तालिबानी है और दलित सिर्फ उनका विरोध करने की सजा पा रहे हैं। "

लोककलाओं पर काम करने में सुजाता की शुरु से ही गहरी दिलचस्पी थी। एक शोधकर्ता की तरह वह नये से नये कलाकारों का इतिहास खंगालती और लोककलाओं की बारीकियों पर बात करती। लोककलाओं पर अद्‌भुत

कैलेंडर भी सुजाता ने कई बार डिज़ाइन किये। श्रमजीवी सौन्दर्य और दृश्य-श्रव्य कलाओं की उसमें पैनी और गहरी समझ थी।

सुजाता दिल से सावित्रीबाई और दिमाग से जोतिबा थीं। जिस तरह खुद को दुख और अभाव में रहते हुए सावित्रीबाई समाज के हित की चिन्ता करती थीं, ठीक वैसे ही सुजाता भी अपने समाज और अपने परिवेश के लोगों के लिए हमेशा तत्पर मिलती थी। जिस तरह पुणे में आई महामारी में अपने बेटे डॉक्टर यशवन्त के साथ महामारी की चपेट में आए लोगों के सेवा-टहल करते हुए बीमार हुईं और अन्त में इसी बीमारी से उनकी मृत्यु हुई। उसी तरह सुजाता ने अपनी बीमारी को दरकिनार करते हुए, डिमेंशियाग्रस्त अपनी माँ की तब तक देखभाल की जब तक वे मुम्बई छोड़कर अपने बेटे के साथ चेन्नईवासी नहीं हो गईं। आखिरी समय तक सुजाता दलित-आदिवासी समाज के विषय में सोचती और लिखती रहीं।

किताब 'मानसे की बात' को सुजाता के रहते छप जाना चाहिए था, मगर ऐसा नहीं हो पाया। उसके जीवन में जो कुछ बेहतर होना चाहिए था, वह कभी हुआ ही नहीं। बिहार सरकार की छात्रवृत्ति के बदौलत फिल्म संस्थान पुणे में अभिनय में डिप्लोमा हासिल करनेवाली सुजाता बेहद ज़हीन थीं और सिनेमा की गहरी समझ रखती थीं। उन्हें अर्थपूर्ण सिनेमा की कामयाब अभिनेत्री होना था, मगर सिने-दुनिया में उस वक्त कला सिनेमा का वैसा माहौल नहीं था, जैसा अब है। अपने निजी जीवन की परेशानियों ने उसे कहीं एकाग्र होकर टिकने नहीं दिया। दिल्ली में आह्वान थियेटर के माध्यम से कई दलित-आदिवासी केन्द्रित नाटकों की सफल प्रस्तुति के बाद भी वह दिल्ली में नहीं जम पाईं। अपनी ज़िन्दगी में तथाकथित प्रगतिशील पिता और जागरूक माँ के बावजूद वह पितृसत्ता की घोर शिकार रहीं। अपनी मर्ज़ी के प्रेम विवाह के बावजूद शादी के बाद भी पुरुष वर्चस्व और जाति वर्चस्व के तीर तरकश सुजाता को अवश कर रहे थे। लड़ते-लड़ते वह निरन्तर छीजती जा रही थी पर उसका जीवट बरकरार था।

यह किताब खुद को रचने और अपनी बात पहुँचाने की सुजाता पारमिता की अन्तिम कोशिश और अन्तिम पुकार है। अनवरत संघर्ष में कुछ पलों के सर्जनात्मक संयोजन से ही यह किताब निर्मित हो पाई है जिसे खुद सुजाता ने तैयार किया। किताब में कुल पच्चीस आलेख शामिल हैं। किताब का पहला लेख 'खैरलांजी-दलित-नरसंहार' भारत में जाति आधारित नरसंहार का मानचित्र प्रस्तुत करता है। सवर्ण समाज के हित में कार्य करनेवाली सरकारों के औचित्य

पर सवाल खड़ा करनेवाले इस आलेख की जद में न्याय व्यवस्था भी है। खैरलांजी हत्याकांड सन 2006 में हुआ था। इस हत्याकांड में एक महार परिवार के सभी सदस्यों की बहुत बेदर्दी से हत्या कर दी गई थी। अब पीड़ित परिवार का अन्तिम परिजन भी न्याय की आशा में दुनिया छोड़ चुका है। सुजाता फुले-अम्बेडकरी चिन्तन से निर्मित थीं। वह जानती थीं कि दूसरे संस्थानों की तरह देश की न्याय व्यावस्था भी जातिवादी सोच के नियन्त्रण में है, इस मामले में उससे न्याय नहीं हो पाएगा। और ऐसा ही हुआ।

इस लेख को पढ़ते हुए बथानी टोला (1996), बेलछी नरसंहार (1997) लक्ष्मणपुर ब्राथे कांड (1997),जहानाबाद नरसंहार कांड (1999), शंकर बिगहा नरसंहार कांड (1999) और सोनभद्र-आदिवासी नरसंहार (2019) की छवियाँ उभरने लगती हैं। यह सिलसिला थमा नहीं है। लोग नहीं भूले हैं कि हाथरस में बलात्कार पीड़िता का शव उसके घर के सामने जला दिया गया था। आलेख का समापन करते हुए सुजाता लिखती हैं, "जरूरी है कि सभी नागरिकों के साथ न्याय हो, अन्यथा सभी वंचित वर्ग अगर साथ आ गए तो देश की राजनैतिक दिशा उलट जाएगी। सत्ता के नए समीकरण बनेंगे, जिसमें दलित और आदिवासी, अल्पसंख्यक और स्त्रियों की भागीदारी होगी।" सुजाता के ये शब्द बाबा साहेब भीमराव आम्बेडकर के उस सम्बोधन की याद दिलाते हैं, जिसमें उन्होंने कहा था "26 जनवरी, 1950 को, हम विरोधाभासों के जीवन में प्रवेश करने जा रहे हैं। राजनीतिक जीवन में हमारे पास समानता होगी और सामाजिक व आर्थिक जीवन में हमारे पास असमानता होगी। राजनीति में हम एक व्यक्ति-एक मत के सिद्धान्त और एक मत-एक मूल्य के सिद्धान्त को मान्यता देंगे जबकि सामाजिक और आर्थिक जीवन में, हम, अपने सामाजिक और आर्थिक ढाँचे के कारण, एक व्यक्ति -एक मूल्य के सिद्धान्त से इन्कार करते रहेंगे। कब तक हम विरोधाभासों के इस जीवन को जीना जारी रखेंगे? कब तक हम अपने सामाजिक और आर्थिक जीवन में समानता से इन्कार करते रहेंगे? यदि हम इसे लम्बे समय तक अस्वीकार करते हैं, तो हम अपने राजनीतिक लोकतन्त्र को संकट में डालकर ऐसा करेंगे। हमें इस विरोधाभास को जल्द-से-जल्द सम्भवतः दूर करना चाहिए अन्यथा असमानता से पीड़ित लोग उस राजनीतिक लोकतन्त्र की संरचना को ही ख़त्म कर देंगे जिसे संसद को श्रमसाध्य रूप से निर्मित करना है।"

सुजाता पारमिता श्रमजीवी सौन्दर्यबोध की रचनाकार थीं। इस पुस्तक में शामिल कई आलेख दलित-आदिवासी कलाओं पर केन्द्रित हैं। वार्ली पैंटिंग पर लिखते हुए वह मूलनिवासी समाज की पहचान, उसकी अभिलाषा, और

इतिहास शिनाख्त करते हुए आधी-आबादी के सवाल तक पहुँचती हैं। इस आलेख से स्थापित होता है कि किसी भी समाज की सांस्कृतिक पहचान का निर्माण और संरक्षण औरतों के माध्यम से होता है। यह आलेख बड़ी खामोशी से दलित-आदिवासी और ग्रामीण स्त्री की कलाओं के सहारे पितृसत्ता के सामने मजबूत स्त्री उपस्थिति दर्ज करता है। सुजाता के जीवन में और चिन्तन में भी आशावाद का स्वर हमेशा बरकरार था—"इस देश का बहुजन, इस देश की स्त्री धीरे-धीरे अपनी अस्मिता को लेकर, अपने परिवार के भविष्य को लेकर अधिक संवेदनशील होती जा रही है। वही इस देश के भविष्य को बदलेगी।" यह सकारात्मकता सुजाता की पहचान थी ।

यह किताब विचारों की पैमाइश से तैयार हुई है। किताब से गुजरते हुए कबीर, नानक, रैदास, महात्मा गाँधी और आम्बेडकर की विचार-ध्वनियाँ सुनाई पड़ती हैं। गाँधी ग्राम स्वराज की बात करते थे। उनकी कामना थी कि गाँव की दबंग जातियाँ वंचित और दलित जातियों को सम्मान से जीने के अधिकार देंगी। और आम्बेडकर का मानना था कि गाँव जातिवादी-सांमतवादी विचार के गढ़ होते हैं। दलित जातियों को शहर में निवास करना चाहिए। शहर का श्रम विभाजन संगठित जातिवाद को पनपने नहीं देता। यहाँ रहते हुए दलित जातियाँ तरक्की कर सकती हैं। इस दृष्टि से 'आमची मुम्बई' आलेख गौर करने लायक है। यह आलेख बाबा साहेब की इसी अवधारणा की पुष्टि करता है। सुजाता ने जिन्दा उदाहरणों के माध्यम से दर्शाया है कि गाँव में शोषण का शिकार हो रही दलित स्त्रियाँ जब मुम्बई शहर में आईं तो छोटा-मोटा काम करके पेट भरने में सक्षम हुईं। कुछ औरतें पैसा बचाकर मामूली रोजगार शुरू कर पाईं, जिससे उनमें आत्मविश्वास पैदा हुआ।

सुजाता ने जिस समतामूलक और श्रमजीवी समाज के हित के लिए लिखा, आज वह पहले से ज्यादा उत्पीड़ित है और उसे हाशिए पर ठेल दिया गया है। ऐसे में इस पुस्तक की जरूरत के विषय में अलग से कहने की जरूरत नहीं। सुजाता को बहुत कुछ और भी लिखना था। उन्हें फुले-अम्बेडकरी विचारधारा को जन-जन तक पहुँचाने के लिए सांस्कृतिक संगठनों का निर्माण और अगुआई करना था, मगर जीवन की जटिल परिस्थितियों ने उसे कभी अनुकूल माहौल नहीं दिया।

जिस किताब को सुजाता अपने सामने प्रकाशित हुआ देखना चाहती थीं, वह उसके जाने के दो साल बाद आ रही है। इस किताब के माध्यम से हम सुजाता के दो टूक विचारों से, उसकी मान्यताओं से, उसके स्पष्ट और सजग दृष्टिकोण से परिचित हो सकते हैं। प्रख्यात दलित चिन्तक विचारक डॉ. रणसुभे जी द्वारा इस किताब के आलेखों का किया गया आकलन हमारी थाती है। गाँव के लोग के संस्थापक सम्पादक रचनाकार रामजी यादव के सहयोग के लिए आभारी हूँ जिन्होंने इस किताब के आलेखों को तारतम्य दिया। प्रखर आदिवासी रचनाकार और चिन्तक जनार्दन ने बड़े मनोयोग से उनकी बेटी जुन्हाई के बेहद आत्मीय संस्मरण का अंग्रेज़ी से अनुवाद किया। रामजी यादव और जनार्दन - दोनों सुजाता के बहुत करीबी रहे हैं।

सुजाता की बेटी जुन्हाई सिंह सूद और लोकभारती के चिर-युवा प्रकाशक रमेश ग्रोवर जी के अथक प्रयास से यह किताब आकार ले रही है। विलम्ब के लिए मैं ज़िम्मेदार हूँ जो सुजाता से कभी इतनी दूरी बना ही नहीं पाई कि तटस्थता से उसके लेखन का मूल्याँकन कर पाती।

उम्मीद है, इस किताब को पाठकों का स्नेह हासिल होगा।

2 अक्टूबर, 2023, मुम्बई **—सुधा अरोड़ा**

sudhaaroa@gmail.com

संस्मरण

संस्मरण

मेरी माँ सुजाता पारमिता

जुन्हाई सिंह सूद

माँ! मैं जैसी हूँ, तुमने मुझे उसी रूप में स्वीकार किया। तुमने यह भी माना कि गलती हुई, कोई बात नहीं, आगे बढ़ो और जो हो गया, उससे परेशान मत हो...। माँ, मैं जो भी हूँ या जैसी बनूँगी, उसका पूरा श्रेय तुम्हें जाता है। तुम मेरे जीवन की अनमोल थाती थी और ताउम्र रहोगी...।

मेरी माँ के पिता अर्थात् मेरे नाना डॉ.डी.के. बैसन्त्री सासाराम बिहार के थे और उनकी माँ अर्थात् मेरी नानी श्रीमती कौशल्या बैसन्त्री नागपुर की थीं। नानी बुद्ध में विश्वास करती थीं, इसलिए माँ का नाम सुजाता रखा गया। मेरी माँ तीन भाइयों के बाद पैदा हुई इकलौती बेटी थीं। माँ के पैदा होने के ठीक बाद नानी के पड़ोसी ने उनको बताया कि तीन लड़कों के बाद पैदा हुई बेटी अशुभ होती है। जल्द ही मेरे सबसे बड़े मामा का निधन हो गया। मेरी नानी अपने पहले बच्चे का नुकसान उठाकर बहुत दुखी थीं, और इसके लिए वह मेरी माँ को जिम्मेदार मानती थीं। नानी जीवन भर मेरी माँ को दोष देती रहीं। यहीं से मेरी माँ के संघर्ष और खराब दिनों की शुरुआत हुई।

मेरे नाना जी हमेशा कहा करते थे कि उनकी चार सन्तानों में से इकलौती मेरी माँ ही ऐसी थीं, जिनमें आई.ए.एस. अधिकारी या एक प्रसिद्ध लेखक बनने के सभी गुण थे। नाना आला अधिकारी और बड़े लेखक थे। नानी प्रसिद्ध लेखिका थीं। मेरी माँ ने हमेशा अपनी भावनाओं को लिखकर व्यक्त किया। वह शुरू से ही स्वतन्त्र चिन्तन और निर्भीक मन की थीं। माँ

को प्रदर्शनकारी कलाओं से बेपनाह मोहब्बत था। वह रेडियो, थिएटर और लेखन में रम जाती थीं। माँ ने छठवीं कक्षा में ऑल इंडिया रेडियो के लिए पहला नाटक किया। वह रेडियो नाटक रवीन्द्रनाथ टैगोर के एक नाटक का रूपान्तरण था। उस रेडियो नाटक में माँ मुख्य भूमिका में थीं और उनके साथ सुधा शिवपुरी सह-अभिनेत्री थीं। जिस दिन उस नाटक का प्रसारण होनेवाला था, उस दिन माँ के घर का रेडियो खराब था। अपना पहला नाटक सुनने के लिए माँ को पड़ोस में जाना पड़ा। उस नाटक के बाद माँ ने कई रेडियो नाटकों में अभिनय किया।

जालन्धर दूरदर्शन की शुरुआत माँ के नाटक से हुई थी। सन् 1971 में स्वर्गीय प्रधानमन्त्री श्रीमती इन्दिरा गाँधी ने 'फीड इंडिया अभियान' की शुरुआत की। माँ इस अभियान का मुख्य चेहरा थीं। माँ के पोस्टर पूरे भारत में लगे थे। एक किशोरी के लिए यह बड़ी उपलब्धि थी। बाद में माँ ने पत्रकारिता में डिप्लोमा किया और बिहार से प्राप्त छात्रवृत्ति के बदौलत सन् 1974 में फिल्म एंड टेलीविजन इंस्टीट्यूट ऑफ इंडिया (पुणे) में अभिनय में डिप्लोमावाले कोर्स में प्रवेश लीं। सन् 1976 में फिल्म एंड टेलीविजन इंस्टीट्यूट से उत्तीर्ण हुईं। पुणे जाने से पहले उन्होंने परिवार नियोजन विभाग द्वारा परिवार नियोजन पर आधारित एक फिल्म में मुख्य भूमिका निभाई। पुणे फिल्म संस्थान में उन्होंने कई फिल्मों में काम किया। उनके साथ सह-अभिनेता सतीश शाह और राकेश बेदी थे। उनके बैच के साथी सुरेश ओबेरॉय, ओमपुरी, डेविड धवन, सतीश शाह, राकेश बेदी और सुधीर पांडे थे।

एफ.टी.आई.आई. से पास होने के बाद माँ हिन्दी फिल्म उद्योग में किस्मत आजमाने के लिए मुम्बई आ गईं। मुम्बई फिल्म नगरी की राजनीति और जोड़-तोड़ के साथ वह तालमेल नहीं बैठा सकीं। आखिरकार उन्होंने अपने सपने को छोड़ दिया। अगला विकल्प शादी का था। पुणे जाने से पहले वह मेरे पिता से मिली थीं। उस समय मेरे पिता की एक कम्पनी थी। कम्पनी का नाम टेम्प्रेट निटर्स प्राइवेट लिमिटेड था। माँ ने इस कम्पनी के लिए मॉडलिंग भी की थी। तभी से मेरे पिता उनके पीछे पड़े थे। मेरे पिता ने माँ को अच्छा पारिवारिक जीवन और उनके सपनों को पूरा करने की पूरी आज़ादी देने का वादा किया। हालाँकि, ऐसा नहीं हुआ। मेरे पिता ने माँ का साथ नहीं दिया। माँ के सपनों का सफर शुरू होने के पहले ही खत्म हो गया। मेरे पिता की कम्पनी को बड़ा घाटा हुआ और उन्हें कम्पनी में हुए घाटे के लिए फाइल करना पड़ा। इस मुश्किल घड़ी में माँ उनके साथ खड़ी रहीं और बहुत खराब परिस्थिति में भी पिता का

साथ निभाती रहीं। लेकिन उन्होंने कभी शिकायत नहीं की। यह तो सिर्फ शुरुआत थी। इससे भी बुरा होना अभी बाकी था!

19 नवम्बर, 1977 को मेरे भाई अभिजीत का जन्म माँ के लिए गहरे अन्धकार में रोशनी की तरह था। वह अभिजीत को एक पवित्र आत्मा कहती थीं। वह सौम्य और सुन्दर बालक था। माँ की खुशी ज़्यादा दिनों तक नहीं रही। मेरे भाई को ब्लड कैंसर हो गया। दो वर्ष की आयु पूरा होने के पहले ही उसका निधन हो गया। माँ टूट गईं। वह तबाह हो गई थीं। मेरे बीमार भाई की देखभाल करते हुए उसे गर्भपात तक से गुजरना पड़ा लेकिन अपने फर्ज़ से वह विचलित नहीं हुईं। इतनी खराब हालात में भी माँ को मेरे भविष्य की चिन्ता थी - वह मुझे स्विमिंग क्लास, घुड़सवारी और साइकिल चलाने के लिए ले जाती थीं।

समय बीतता गया और 1984 का साल आ गया। उन्होंने सिक्खों की समस्या और मानवाधिकार हनन को बहुत करीब से देखा, जिससे वह बहुत परेशान हो गईं। वह खुद को बेहद असहाय महसूस करने लगीं। स्थिति की आलोचना करने के बजाय वह कुछ करना चाहती थीं। अपनी भावनाओं को व्यक्त करने के लिए एक माध्यम चाहती थीं और इस तरह 'आह्वान थिएटर-सिनेमा और मास मीडिया' का जन्म हुआ। कई दोस्त और साथी कार्यकर्ता साथ आए और इसे बनाने में मदद की।

'आह्वान थिएटर' उस समय दिल्ली में अपनी तरह का विशेष थिएटर और मीडिया समूह था। आह्वान का पहला नाटक देवदासी विषय पर आधारित था, जो श्रीराम केन्द्र में खेला गया। इस नाटक के शो दो दिन तक चले। इसे खूब सराहा गया। इसके बाद आह्वान की अगली प्रस्तुति 'मुलाटो' थी, जिसे कामिनी थिएटर में खेला गया। यह नाटक काले अमेरिकी समाज की दुर्दशा पर आधारित था। इस नाटक के सेट से लेकर अभिनय और निर्देशन, सब माँ ने किया। इसके बाद माँ ने त्रिवेणी कला संगम में जाति शोषण पर आधारित एक फिल्म समारोह का आयोजन किया। इस समारोह में कई वृत्तचित्रों के साथ प्रकाश झा की 'दामुल' फिल्म भी शामिल थी। आह्वान थिएटर समूह ने जे.एन.यू. के छात्रों की मदद से मंडल आयोग के समय में बहुत सारे सेमिनार किए और इस समूह का सम्बन्ध 'द हाउस ऑफ सोवियत कल्चर' से भी बन गया।

'हाउस ऑफ सोवियत कल्चर' और 'आह्वान' समूह के सहयोग से भारत के बेहतरीन लोकगीतों की प्रस्तुतियाँ होने लगीं जो दलित और आदिवासी समुदाय के दुख-दर्द और संस्कृति का प्रतिनिधित्व करते थे। इसी क्रम में लोक गायिका तीजनबाई को पंडवानी प्रस्तुत करने के लिए आमन्त्रित किया गया। अगला क्रम पुरुलिया के छाऊ नृत्य के प्रदर्शन का था। कई राजनीतिक हस्तियों को मुख्य अतिथि के रूप में आमन्त्रित किया जाने लगा था, जिनमें दिवंगत राष्ट्रपति श्री ज्ञानी जैल सिंह, स्वर्गीय श्री एच.के.एल. भगत, स्वर्गीय श्री राम रतन राम और कई अन्य हस्तियाँ शामिल थीं। इस काम में मेरे पिता ने समर्थन और सहयोग नहीं किया। माँ का लगातार गिरता स्वास्थ्य आड़े आता रहा। परिस्थितियाँ ऐसी बनीं कि जल्द ही माँ को आह्वान थिएटर बन्द करना पड़ा। यह एक कठिन निर्णय था लेकिन माँ के पास कोई विकल्प नहीं था। पिता के साथ माँ के सम्बन्ध बिगड़ते जा रहे थे और इसमें माँ का दम घुट रहा था। माँ-बाप की कलह में मेरी पढ़ाई खराब हो रही थी, इसलिए मुझे बोर्डिंग स्कूल भेज दिया गया। माँ की ओर से पूरी कोशिश थी कि परिवार न उजड़े। मगर उसका सोचा नहीं हुआ। उन्हें लगा कि मेरे पिता को छोड़कर जीवन आसान हो जाएगा, लेकिन ऐसा नहीं हुआ।

माँ का जीवन और भी मुश्किल हो गया क्योंकि मेरे पिता ने उनके जीवन को दयनीय बनाने के लिए हर सम्भव प्रयास किया। माँ को दलित कोटे से मुम्बई में एक बुटीक मिला था। यह बुटीक सान्ताक्रूज के प्रसिद्ध सेंटूर होटल में था। पिता ने माँ से यह बुटीक छीनने की कोशिश की। माँ को दो झूठे अदालती मामलों में फँसाया, जिसमें एक दिल्ली में था और दूसरा हैदराबाद के अन्दरूनी हिस्से में। माँ पस्त होती जा रही थीं। उन्होंने पिता से समझौता करने की कोशिश की। उन्होंने पिता से कहा कि अगर वह उन्हें (मेरी माँ को) और उनके बच्चे की देखभाल की जिम्मेदारी लें, तो वह बुटीक छोड़ देंगीं। मगर माँ को मानसिक शोषण के अलावा कुछ भी हासिल नहीं हुआ। माँ को हर महीने हैदराबाद और दिल्ली की अदालतों का चक्कर लगाना पड़ता था। कभी-कभी दोनों कोर्ट की तारीखें एक ही समय के आसपास होतीं। माँ ने वकीलों को फीस देने के लिए अपने सारे ज़ेवर बेच दिए। वह विकल्पहीन थीं। वह सड़क पर आ चुकी थीं।

माँ की तबीयत खराब रहने लगी थी। ऐसे समय में मैं माँ के लिए मददगार नहीं साबित हो पाई। मेरे ऊपर पिता का प्रभाव था। लेकिन वह माँ थीं। उन्होंने

कभी भी मेरा साथ नहीं छोड़ा। मुझे याद है कि मसूरी (मेरा बोर्डिंग स्कूल) में मुझसे मिलने के लिए माँ मुम्बई से ट्रेन में लगभग तीन दिन यात्रा करके आती थीं। मुझे बोर्डिंग स्कूल से जब बुलाया गया तब मैं नौवीं कक्षा में थी और अपने पिता के साथ रहती थी। माँ एकदम अकेली थी। वह मुम्बई में संघर्ष कर रही थीं।

कुछ साल बाद पता चला कि मुझे पित्त की पथरी है। ऐसे हालात में पिता ने पल्ला झाड़ते हुए माँ से कहा कि वह मुझे ले जाए। वह मेरी देखभाल नहीं कर सकते। माँ ने एक मिनट भी बर्बाद नहीं किया। उसने तुरन्त मुझे अपने साथ ले लिया। वह मुझे सबसे छोटे मामा अतीश कुमार के पास चेन्नई ले गईं। वहाँ मेरा ऑपरेशन हुआ। अस्पताल के बिलों का भुगतान मामा ने किया। यह घटना आँख खोलनेवाली थी। मुझे पता चल चुका था कि मेरी माँ मुझसे बेपनाह प्यार करती है। मुझे मेरी गलती का अहसास हो चुका था। अब हम दोनों मुम्बई आ गए। माँ मुझे कितना प्यार करती थीं, अपने पिता के प्रभाव में मैं उनके प्यार और समर्पण को समझ नहीं पाई थी। जल्द ही हमारा बुटीक बन्द हो गया। हम दोनों माँ बेटी के पास मुहब्बत के अलावा कुछ नहीं था।

हम बेघर थे। हम सड़क पर थे। माँ ने अपने बड़े भाई से मिन्नतें कीं कि उसे उसके पिता अर्थात् मेरे नाना की सम्पत्ति में से उसका हिस्सा दिया जाए, ताकि हम दोनों माँ-बेटी सम्मान से रह सकें और मेरी देखभाल हो सके। बड़े मामा ने सम्पत्ति देने से साफ इनकार कर दिया। मामा ने माँ का फोन उठाना भी बन्द कर दिया।

हमें शून्य से शुरुआत करनी थी और वो हमने की। एक साल के लिए मेरी पढ़ाई भी छूट गई। इससे माँ पूरी तरह टूट गईं। माँ चाहती थीं कि उन्होंने अपनी ज़िन्दगी में जो परेशानियाँ झेलीं मुझे उनका सामना न करना पड़े। मैं अपनी पढ़ाई पूरी करूँ, सफल होऊँ। मैंने काम के साथ-साथ पढ़ाई शुरू की और पढ़ाई पूरी की। धीरे-धीरे हमारा जीवन सुधरने लगा। हम सालों तक छोटे-से एक कमरे के फ्लैट में रहे। हमारे पास पर्याप्त पैसा नहीं था लेकिन हम खुश थे। मैंने पाया कि माँ शान्त हैं। उन्होंने मुझे बताया कि वह अपने जीवन में कभी भी इतनी खुश नहीं थी। उन्होंने यह भी कहा कि अब उन्हें आज़ादी का एहसास हो रहा है। वह बहुत ही जिन्दादिल और दयालु थीं और उनकी अच्छी मुस्कान थी। वह अपनी उसी मुस्कान के साथ सभी का स्वागत करती थीं।

उनके कई दोस्त उस समय हमारे घर आते और हमारे साथ रहते। माँ को खाना बनाने और खिलाने में बहुत सुकून मिलता था। उनकी रसोई हमेशा खुली रहती थी और कोई भी बिना भोजन किए कभी नहीं जाता था। माँ के जीवन के अन्त तक यह क्रम चलता रहा। उनका नियम था कि वह रोज कम-से-कम एक व्यक्ति को भोजन कराएँगी। माँ के जीवन के अन्त तक यह क्रम चलता रहा। हमारे घर की सहायिका हर रोज़ हमारे साथ ही खाना खाती थी।

कई साल के अनुनय विनय के बाद माँ ने अपने पिता की सम्पत्ति में हिस्सा प्राप्त करने के लिए बड़े मामा श्री राजीव रंजन बैसन्त्री के खिलाफ अदालत में जाने का फैसला किया। मुझे याद है कि वह दो बसों को बदलकर और पन्द्रह मिनट पैदल चलकर अदालत पहुँचा करती थी। उस समय अपनी पढ़ाई पूरी करने के लिए मैं लन्दन में थी।

हमारे बहुत से मित्र नहीं जानते कि तलाक के बाद मेरे माता-पिता साथ रहने लगे थे और यह सब मेरी वजह से हुआ था। मैं दोनों की अलग-अलग देखभाल नहीं कर सकती थी। मैं पूर्णकालिक पढ़ाई के साथ काम भी कर रही थी। मेरी पढ़ाई में खलल न पड़े, इसलिए मेरी माँ ने पिता के साथ रहना स्वीकार किया। निश्चित ही माँ के लिए यह कठिन निर्णय था। माँ के इस निर्णय के कारण मैं एम.बी.ए. की पढ़ाई पूरी कर पाई। माँ को मुकदमा जीतने में कई साल लग गए। मुकदमा जीतने के बाद भी मामा ने माँ को हिस्सा नहीं दिया। माँ को फिर अदालत का रुख करना पड़ा। आखिरकार उन्हें घर मिला। मैंने और माँ ने सोचा कि सिर पर छत हो जाने से जीवन आसान हो जाएगा। लेकिन नियति अभी तक उनके साथ नहीं थीं। अब वह बीमार रहने लगी थीं। उनकी किडनी खराब हो गई। सप्ताह में तीन बार उन्हें डायलिसिस कराने जाना पड़ता।

उन्हें 'ऑटोइम्यून हेमोलीटिक एनीमिया' भी था जिसने उन्हें और भी परेशान कर दिया था। माँ बहुत जिद्दी महिला थीं। कभी हार न माननेवाले रवैये और मेरे लिये अपने बेइन्तहा प्यार की बदौलत उन्होंने कई बार मौत को पछाड़ दिया। डॉक्टर हैरान थे कि इतनी खराब सेहत के बाद भी वह इतने लम्बे समय तक कैसे बची रहीं। दो पन्नों में अपनी माँ के बारे में कह पाना न्याय संगत नहीं हो सकता। माँ इससे कहीं अधिक की हकदार हैं। और उम्मीद है कि उनका काम यह साबित करेगा। वह सबसे अच्छी माँ, अच्छी दोस्त, अद्भुत कलाकार, शानदार इनसान, ईमानदार कार्यकर्ता, एक सच्ची बौद्ध और बहुत कुछ थीं। जब उनके साथियों ने उनके बारे में गलत बातें कीं, तो उनका दिल टूटा। इससे वह थोड़ी देर के लिए परेशान हो जाती थीं लेकिन उन्हें माफ कर

देती थीं। मेरी माँ की याददाश्त इतनी अच्छी नहीं थी, या शायद वह उन चीजों और लोगों को याद नहीं रखना चाहती थीं, जो उन्हें चोट पहुँचाते थे। वह हमेशा कहती थीं 'भुलक्कड़ होना एक आशीर्वाद है', जो चीजें आपको दुखी करती हैं उन्हें क्यों याद रखें, उन्हें गुजर जाने दें और बाकी सबका हिसाब समय आने पर हो जाएगा। मेरी माँ ने मुझे कभी नहीं छोड़ा और न मैं उन्हें कभी छोडूँगी। उनकी विरासत मेरी थाती है। वह हमेशा, हर परिस्थिति में मुस्कुराती रहीं और वह हमें मुस्कराते हुए छोड़कर चली गईं।

मुझे तुम्हारी याद आएगी, माँ... तुम जीवन थीं। तुम प्यार थीं। मेरी सबसे अच्छी दोस्त और मेरी आत्मा थीं। तुम बहादुर थीं। तुम अन्त तक लड़ीं और मैं भी। तुमने हमेशा मुझे मजबूत बने रहने की सलाह दी और हर चुनौती से निपटने का हौसला दिया। लेकिन मैं इसके लिए तैयार नहीं हूँ माँ। तुम्हारे बिना जीना आसान नहीं है लेकिन जैसा कि तुमने कहा था कि अभी लड़ाई खत्म नहीं हुई है।

माँ! तुम्हारे होने से मेरी लड़ाई आसान हो जाती। माँ, मैं जब तक हूँ, तुम मेरे साथ हो। मैं तुमसे बहुत प्यार करती हूँ और जानती हूँ, तुम स्वर्ग को भी जिन्दादिल बना रही होगी !

अक्टूबर 2022

अंग्रेजी से अनुवाद - **डॉ. जनार्दन**

आलेख

संघर्ष और सरोकार

खैरलांजी-दलित जनसंहार

1991 में नई आर्थिक नीति के लागू किए जाने के कुछ ही वर्षों बाद दुनिया भर में, खासकर पश्चिमी देशों में भारत की छवि में जबरदस्त बदलाव आया। विश्व के लगभग सभी ताकतवर वित्तीय संगठनों की राय भारतीय अर्थव्यवस्था के बारे में पूरी तरह बदल गई। इसका स्थान दुनिया में तेजी से बढ़ती अर्थव्यवस्थाओं में दूसरे स्थान पर पहुँच गया। पहले भारत को भिखमंगों, सड़क पर खेल-तमाशे दिखानेवालों और सपेरों का देश कहा जाता था लेकिन दस साल में ही इसे सुपर पावर देश कहा जाने लगा। लगातार बढ़ते ग्लोब्लाइजेशन, कई सरकारी क्षेत्रों का निजीकरण और आई.टी. सेक्टर में हुई जबरदस्त तरक्की ने भारत की पुरानी गरीब देश की छवि को बदल दिया, लेकिन यह तस्वीर का एक पहलू है।

दूसरा पहलू, दिल दहलानेवाला है जिसकी तरफ किसी का ध्यान ही नहीं जाता। आज़ादी के बाद सवर्ण वर्गों और सत्ता में आई सभी सरकारों ने दलितों-आदिवासियों के साथ विश्वासघात और हिंसा का जो खेल खेला उसकी मिसाल दुनिया भर में मिलना मुश्किल है। भारत सरकार ने आज तक दलित, आदिवासी अल्पसंख्यकों और स्त्रियों पर हर क्षेत्र में होनेवाले अन्याय और हिंसा को गम्भीरता से नहीं लिया, जिसके कारण ही खैरलांजी जैसे भयानक जनसंहार हो रहे हैं।

नई आर्थिक नीति ने भारतीय उद्योग जगत के लिए भूमंडलीकरण और निजीकरण के सारे दरवाजे खोल दिए और वंचित वर्ग के सारे दरवाजे बन्द कर दिए। उनकी जीविका के साधन कम हो रहे हैं। हाल ही में आई रिजर्व बैंक की रिपोर्ट में इस बात पर चिन्ता जताई गई है कि मात्र 75 औद्योगिक घरानों के पास देश के 49 प्रतिशत धन-दौलत-जमीन और प्राकृतिक संसाधन हैं। देश का लगभग 85 प्रतिशत नागरिक सभी तरह से वंचित है, यह खतरनाक स्थिति है।

देश के सभी आर्थिक निर्णय इन्हीं ताकतवर उद्योगपतियों के हितों को ध्यान में रखकर लिए जाते हैं। रोज नए-नए उद्योग लगाए जा रहे हैं। एक ही औद्योगिक घराना, एक साथ कई बड़े-बड़े उद्योग लगा रहा है। भारत के सबसे अमीर पूँजीपति मुकेश अम्बानी, जिनकी जामनगर में एशिया की सबसे बड़ी रिफाइनरी है वे आज रिटेल मार्केट में आलू, टमाटर, हरी मिर्च और हरा धनिया बेचने की तैयारी कर रहे हैं। अगले साल से देश के अधिकतर भागों में उनकी दुकानें खुल जाएँगी। इस व्यापार के लिए उनका उद्योग समूह कई विमान खरीद रहा है। आई.टी. सेक्टर की सबसे बड़ी कम्पनी *विप्रो* बच्चों की मालिश का तेल, साबुन और लोशन बनाती है। व्यापार के साथ-साथ कई बड़े उद्योगपति राज्यसभा सांसद हैं, जिनकी वजह से आज न केवल लोकतन्त्र कमजोर हुआ है बल्कि भारतीय सामाजिक व्यवस्था का चरित्र भी बदल रहा है। जिस हिसाब से इस वर्ग ने देश की जनता को बेवकूफ बनाकर लूटा है दलितों और आदिवासियों की जमीनों को छीनकर उन्हें बार-बार उजाड़ा है वह मीडिया के माध्यम से रचे गए समृद्धि के धोखे में हमारी आँखों से ओझल है। समता और भाईचारे पर आधारित उनकी संस्कृति को पूरी तरह से नष्ट कर एक ऐसी नई सांस्कृतिक सोच का निर्माण किया है जो उग्र परम्परावादी है और धार्मिक बाजार का आधार स्तम्भ है। सिर्फ सरकार ही नहीं सभी प्रसार माध्यम भी इसी वर्ग के हाथों में हैं, जो किसी भी हालात में गरीब, दलित, आदिवासी और मजदूर वर्ग के हितों का ध्यान रखेंगे, ऐसी उम्मीद करना भी मूर्खता है। आज उन सभी राजनैतिक दलों की विचारधारा में भी अभूतपूर्व परिवर्तन आया है जो कभी समाजवाद, सामाजिक न्याय, परिवर्तन और दलित भागीदारी की बात कर सत्ता में आए थे आज संसद में उनके दलों का प्रतिनिधित्व अमीर उद्योगपति करते हैं।

जहाँ एक तरफ गरीबी उन्मूलन और रोजगार गारंटी के कार्यक्रम हों। स्त्रियों अल्पसंख्यकों, दलितों और आदिवासियों पर बढ़ती हिंसा और उनकी सुरक्षा से सम्बन्धित सवाल हों वहीं दूसरी तरफ किसी बड़े सरकारी उपक्रम को बेचने, खरीदने या लाइसेंस परमिट देने या हटाने की बात या फिर बड़े-बड़े फ्लाईओवर और मैट्रो बनाने के टेंडर हों, तब बात किसकी सुनी जाएगी, यह बताने की ज़रूरत नहीं है। दलितों की बढ़ती हुई जागरूकता, उनके हक और परिवर्तन की मांग का यह वर्ग जबरदस्त विरोध करता रहा है, जो चारों ओर तुरन्त दिखाई भी देने लगता है। चाहे मीडिया हो या न्याय प्रक्रिया। अभी हाल ही में आरक्षण विरोधी मुहिम इसका ज्वलन्त प्रमाण है, जब केन्द्र सरकार के समक्ष पिछड़ों के लिए उच्च शिक्षा संस्थानों में आरक्षण का मात्र प्रस्ताव ही बहस के लिए लाया

जाना था। कुछ मुट्ठी भर सवर्ण छात्रों ने उसका जमकर विरोध किया। जिस मुस्तैदी और जालसाजी से मीडिया के सभी प्रसार माध्यमों ने पूरे आन्दोलन को अपने मन मुताबिक बदलने का काम किया, वह आश्चर्यजनक है। इसने न केवल भारतीय मीडिया की पूरे विश्व में विश्वसनीयता को कम किया है, बल्कि उसका जातिवादी चेहरा भी उजागर किया है। बगैर किसी वैज्ञानिक आधार के जाति भारत में पिछले पाँच हजार वर्षों से न केवल जिन्दा है बल्कि उसके सिद्धान्तों का प्रभाव सामाजिक,आर्थिक, शैक्षणिक और राजनैतिक व्यवस्था पर भी साफ दिखाई देता है, जिसके कारण देश का 15 प्रतिशत सवर्ण वर्ग आज भी ताकतवर बना हुआ है। इसने अपनी सेवा के लिए 85 प्रतिशत जनता को एक बड़े सर्विस सेक्टर में बदल डाला है, जो सदियों से न केवल उनकी सेवा करती रही है, बल्कि उनके लिए मेहनत-मजदूरी करके पैसा भी कमाकर दे रही है। लेकिन उस कमाई पर उनकी कोई हिस्सेदारी नहीं। यह व्यवस्था आज़ादी के 70 वर्षों बाद भी कायम है। यह आश्चर्यजनक है कि आज तक दलितों और आदिवासियों की शिक्षा, स्वास्थ्य और विकास से सम्बन्धित जितनी भी योजनाएँ बनाई गईं वे या तो अमल में लाई ही नहीं गईं या फिर उनमें इतना भ्रष्टाचार हुआ कि फायदा उन तक पहुँचा ही नहीं। इससे तो यही साबित होता है कि यह वर्ग कभी दलितों की स्थिति बदलने नहीं देगा। भारत में आज़ादी के बाद समता पर आधारित अपने सभी नागरिकों को सुरक्षित और सम्मानित जीवन और समान अवसर देने को वचनबद्ध दुनिया के बेहतरीन संविधान को लागू किया गया, लेकिन यह अफसोस की बात है कि आज तक जो नीतियाँ बनाई गईं वह सभी *मनुस्मृति* और अर्थशास्त्र के सिद्धान्तों पर आधारित रही हैं जो शास्त्र दलितों, आदिवासियों और स्त्रियों को पीढ़ी-दर-पीढ़ी उनकी बुनियादी ज़रूरतों से भी वंचित रखती रहीं। विरोध करने पर इन वंचित वर्गों को जान से मार डाला गया। न्याय, मानवाधिकार और सम्मान के बगैर जीने को मजबूर करनेवाले धार्मिक दर्शन से न केवल देश को, बल्कि पूरी मानवता को खतरा है। देश के कई हिस्सों में दलितों और आदिवासियों के खिलाफ बढ़ती हुई हिंसा इस बात का सबूत है। ऐसी ही एक दिल दहला देनेवाली घटना महाराष्ट्र राज्य के भंडारा जिले के अन्तर्गत आनेवाले एक छोटे से गाँव खैरलांजी में 29 सितम्बर, 2005 में घटी जब एक गरीब दलित परिवार के चार सदस्यों को एक साथ पूरे गाँव के सामने बड़ी निर्दयता से उन्हीं गाँववालों ने मार डाला, जिनके साथ यह परिवार वर्षों से रह रहा था। कुल 248 घरोंवाले इस गाँव में मात्र तीन घर दलित बौद्ध परिवारों के हैं, जो गाँव की सीमा से बाहर रहते थे।

गाँव के अन्य घर कुनबी और कलार जाति के लोगों के हैं, जो पिछड़ी जातियाँ हैं। दलित बौद्ध भैयालाल भोतमांगे के परिवार में उनकी पत्नी सुरेखा (44 वर्ष) दो पुत्र सुधीर और रोशन (21 और 23 वर्ष) और बेटी प्रियंका (18 वर्ष) थी। एक बेटा दृष्टिहीन था। सभी बच्चे कॉलेज में पढ़नेवाले उस गाँव में अकेले थे। परिवार के पास 5 एकड़ जमीन थी। दरअसल, यही जमीन इस जनसंहार का कारण बनी। आज तक जितने हमले दलितों पर हुए हैं उन सभी में अधिकतर जमीन ही प्रमुख मुद्दा रहा है। आज़ादी के बाद से आज तक किसी भी सरकार ने भूमि सुधार कार्यक्रमों को ईमानदारी से लागू नहीं किया। जगह-जगह दलितों और आदिवासियों की जमीनें छीनी जा रही हैं। जंगल खत्म किए जा रहे हैं। गाँवों में जमीन का पट्टा देने के बाद भी सालों-साल जमीन का कब्जा नहीं दिया जाता। शहरों में अतिक्रमण और पुनर्वास के नाम पर बार-बार उजाड़ा जाता है। सरकारी पुनर्वसन की प्रक्रिया में इतना भ्रष्टाचार है कि सरकार कई जगह इसे स्वयं बन्द कर रही है। मुम्बई हाईकोर्ट ने भी इस मामले में महाराष्ट्र सरकार की तीखी आलोचना की है। इन्हीं प्रमुख कारणों की वजह से दलित देश के कई भागों में हिंसा का शिकार हो रहे हैं और सामाजिक-आर्थिक असुरक्षा में जी रहे हैं। जमीन के लिए होनेवाले हमलों में दलित महिलाओं की हत्या और यौन हिंसा आम बात है, जो इस घटना में भी साफ दिखाई देती है।

खैरलांजी गाँव के मुखिया ने अपने खेतों में जाने का रास्ता बनाने के लिए भोतमांगे परिवार से दो एकड़ जमीन मांगी जिसके मना करने के बाद से ही इस झगड़े की शुरुआत हुई। पहले से ही भोतमांगे परिवार गाँववालों के रात-दिन की प्रताड़ना से दुखी था। आते-जाते जातिसूचक गालियाँ, ताने देना और खड़ी फसल में गाय-भैंस छोड़ देना रोज की बात थी। भोतमांगे परिवार को यह अच्छी तरह से पता था कि जमीन के लिए मना करने का क्या अंजाम होगा, लेकिन उस गरीब दलित परिवार के पास कोई विकल्प नहीं था। पड़ोस के गाँव दुसाला में रहनेवाले सुरेखा के ममेरे भाई सिद्धार्थ गजभिए, जिनका भैयालाल के घर में काफी आना-जाना था, की सलाह पर भैयालाल ने मुखिया को जमीन के लिए इनकार कर दिया। इस इनकार से चिढ़े गाँववालों ने सिद्धार्थ के खैरलांजी आने पर रोक लगा दी। तीन सितम्बर को सिद्धार्थ के खैरलांजी आने पर कुछ लोगों ने सुरेखा से अवैध सम्बन्ध का इल्जाम लगाकर उन्हें बहुत बुरी तरह मारा-पीटा। उन्हें कामटी के अस्पताल में दाखिल कराया गया। इसके बाद पुलिस ने यहाँ कुछ लोगों को गिरफ्तार किया।

यहाँ यह गौर करनेवाली बात है कि पुलिस ने इस मामले को एट्रोसिटी एक्ट के तहत दर्ज नहीं किया। 29 सितम्बर को बेल पर छूटकर आए लोगों के साथ-साथ गाँववालों का भी गुस्सा भड़कता देख भैयालाल पुलिस के पास पहुँचे। पुलिस ने उस वक्त न तो एफ.आई.आर. दर्ज़ की और न ही गाँव पहुँची। अगर समय पर पुलिस पहुँच जाती तो इतना बड़ा हत्याकांड नहीं होता।

गाँव के सभी स्त्री-पुरुष इकट्ठा होकर भैयालाल के घर पहुँचे। स्त्रियों ने घर के पुरुषों को अपने-अपने घरों से लाकर बाँस के डंडे और लाल मिर्च का पाउडर दिया जिसे सुरेखा और प्रियंका की योनि में डाला गया। उन दोनों को सरेआम निर्वस्त्र कर बहुत मार-पीटकर बैलगाड़ी में बिठाकर गाँव भर में घुमाया गया। दोनों भाइयों को माँ और बहन से बलात्कार करने को कहा गया। मना करने पर उनके गुप्तांग काट डाले गए। उन पर मिर्च का पाउडर डाला गया। सभी को पटक-पटक कर इतना मारा गया कि उनकी मौत हो गई। बाद में उनकी लाशों को गाँव से मील भर दूर नहर में डाल दिया गया। इस घटना को भैयालाल और सिद्धार्थ ने दूर से देखा लेकिन वे डर कर भाग गए। दूसरे दिन पड़ोस के गाँव के लोगों ने प्रियंका की लाश को नहर में देखा और पुलिस को इत्तिला दी। उसके बाद पुलिस ने बाकी तीन लाशों को ढूँढकर निकाला। पुलिस ने इस सन्दर्भ में 44 लोगों को गिरफ्तार किया। गाँव के मुखिया ने पूरे गाँव को फतवा जारी कर चुप रहने का आदेश दे दिया। इस पूरे प्रकरण के कुछ महत्त्वपूर्ण तथ्यों पर प्रकाश डालना ज़रूरी है।

पुलिस की नकारात्मक और दलित विरोधी भूमिका

दलितों और आदिवासियों पर होनेवाले अत्याचारों में अधिकतर दोषी बच निकलते हैं, जिसका श्रेय पुलिस, विभिन्न जाँच एजेंसियों और न्याय व्यवस्था को जाता है। खैरलांजी जनसंहार में भी पुलिस पर सबूतों से छेड़छाड़ के आरोप हैं। पोस्टमार्टम की रिपोर्ट में बलात्कार की पुष्टि नहीं की गई। पुलिस की रिपोर्ट में घटना का कोई चशमदीद गवाह भी दर्ज़ नहीं, जो मामले को कमजोर बनाता है, जबकि भैयालाल और सिद्धार्थ दोनों ने ही इस पूरी घटना को देखा और पुलिस को इसकी सूचना भी दी थी। बावजूद इसके उन दोनों को गवाह नहीं बनाया गया। इस घटना में गाँववाले ही शामिल थे, इसलिए पुलिस के लिए दोषियों को पकड़ना कोई मुश्किल काम नहीं था। प्रियदर्शनी मट्टू हत्याकांड में भी आरोपी सन्तोष सिंह को किसी ने नहीं देखा था। कोई चशमदीद गवाह न होने पर भी सिर्फ मौका-ए-वारदात पर मिले सबूतों के आधार पर ही सन्तोष सिंह

को फाँसी की सजा सुनाई गई। खैरलांजी हत्याकांड के दोषियों को अगर उचित सजा नहीं मिलेगी तो यह भारतीय न्याय व्यवस्था की हार होगी और जिसके लिए पुलिस बराबर की जिम्मेदार होगी।

सरकार की जिम्मेदारी

इस घटना के समय केन्द्र और महाराष्ट्र राज्य में कांग्रेस की सरकार थी। दलितों, आदिवासियों को कांग्रेस का वोटबैंक माना जाता है। फिर भी कांग्रेस नेतृत्व ने कभी इस वर्ग की चिन्ता नहीं की। दलितों और आदिवासियों पर बढ़ते अत्याचार इसके प्रमाण हैं। खैरलांजी हत्याकांड के डेढ़ महीने तक केन्द्र और राज्य सरकार का कोई नेता खैरलांजी नहीं पहुँचा, न ही किसी ने कोई वक्तव्य दिया। बिन मांगे बात-बात में अपनी प्रतिक्रिया देनेवाले सभी कांग्रेसी नेता इस घटना से अनजान बने रहे। सोनिया गाँधी भी रहस्यमयी चुप्पी साधे रहीं। खैरलांजी भंडारा जिले के अन्तर्गत आता है जहाँ से प्रफुल्ल पटेल, जो उस वक्त केन्द्र की कांग्रेस सरकार में मन्त्री थे, भी चुप रहे। ऐसे में इस बात से कैसे इनकार किया जा सकता है कि केन्द्र सरकार ताकतवर सवर्णों के दबाव में नहीं है। 7 नवम्बर, 2005 को लगभग 150 दलित महिला कार्यकर्ता मुम्बई स्थित मन्त्रालय में मुख्यमन्त्री विलास राव देशमुख के कार्यालय में पहुँचीं। उनके प्रदर्शन से गहरी नींद सो रहे मुख्यमन्त्री जागे और हड़बड़ाकर फटाफट फास्ट ट्रैक कोर्ट बना जल्दी-से-जल्दी न्याय करने का बयान दे डाला, जबकि न्याय करना उनके अधिकार क्षेत्र में ही नहीं आता। उप मुख्यमन्त्री आर.आर. पाटिल, जो राज्य के गृहमन्त्री भी थे, ने मिली सूचनाओं के आधार पर कहा कि दलितों द्वारा किए जा रहे आन्दोलनों के पीछे नक्सली हैं। इस सूचना का क्या आधार है इसका खुलासा उन्होंने नहीं किया, लेकिन उनके इस आधारहीन बयान ने दलितों के ज़ख्मों पर नमक रगड़ने का काम ज़रूर किया। साथ ही एक नई सरकारी साजिश की तरफ संकेत भी। उनका यह बयान पुलिस के उस बयान की तरह था जो कुछ वर्षों पहले मुम्बई में रमाबाई अम्बेडकर नगर में हुए दलित जनसंहार, जिसमें पुलिस की गोली से 10 दलितों के मारे जाने के बाद खुद पुलिस ने दिया, जिसमें अपनी फायरिंग को पूरी तरह से न्यायोचित ठहराते हुए कहा गया था कि दलितों की भीड़ ने मुख्य सड़क पर खड़े उन टैंकरो को जलाने की कोशिश की, जिनमें पेट्रोल भरा हुआ था, जिससे बड़ा हादसा हो सकता था। इस बड़े हादसे को टालने के लिए पुलिस को फायरिंग करनी पड़ी। बाद में जाँच से पता चला कि टैंकर खाली थे।

खैरलांजी में दो दलित महिलाओं को निर्वस्त्र कर उन पर भयानक यौन हिंसा हुई और बाद में उन्हें मार डाला गया, लेकिन फिर भी न तो राज्य और न ही राष्ट्रीय महिला आयोग वहाँ पहुँचा। राष्ट्रीय अनुसूचित जाति-जनजाति आयोग को तो शायद चुप रहने का ही आदेश दिया गया था। वैसे भी इस आयोग ने आज तक तो कुछ काम किया नहीं। पता नहीं क्यों सरकार इस बोगस आयोग को सम्हाले हुए है और यह सरकार के किन उद्देश्यों की पूर्ति करता है यह तो वही जाने। बहरहाल, देश भर का दलित, इस आयोग से कोई उम्मीद नहीं रखता यह बात सरकार को ध्यान में रखनी चाहिए।

लगातार बोगस होता दलित नेतृत्व

महाराष्ट्र डॉ. अम्बेडकर और जोतिबा फुले की जन्म और कर्म भूमि रहा है। विदर्भ महाराष्ट्र का वह हिस्सा है जहाँ डॉ. अम्बेडकर के अनुयायी सबसे ज़्यादा हैं। अनगिनत टुकड़ों में बँटी *रिपब्लिकन पार्टी आफ इंडिया* के सबसे ज़्यादा गुट और नेता भी विदर्भ और उसके आस-पास के क्षेत्रों में हैं और खैरलांजी भी वहीं हैं। सबसे पुराने दलित नेता और आजकल बिहार के गवर्नर श्री आर.एस. गवई, ने आना तो दूर एक बयान तक नहीं दिया। रामदास आठवले, प्रकाश अम्बेडकर, जोगेन्द्र कवाड़े और कामटी की पूर्व विधायक व महाराष्ट्र की राज्यमन्त्री रह चुकी सुरेखा कुम्भारे का भी कहीं कुछ अता-पता नहीं मिला। भाँग खाकर सोए पड़े इस दलित नेतृत्व ने जब कोई खोज-खबर नहीं ली और एक महीने से ज़्यादा इन्तजार के बाद जब दलित कार्यकर्ता थक गए तब बगैर किसी नेता के लोग खुद ही सड़कों पर निकल पड़े। जगह-जगह धरना-प्रदर्शन होने लगे। 1 नवम्बर को भंडारा में पाँच हजार दलित महिलाओं ने अकेले ही एक बड़ा मोर्चा निकालकर प्रशासन से मामले को गम्भीरता से लेने की मांग की।

बम्बई, नागपुर, यवतमाल, औरंगाबाद और सोलापुर सभी जगह आन्दोलन हुए, जिसमें कोई दलित नेता शामिल नहीं हुआ। कांग्रेस और अन्य सभी दलों के दलित-आदिवासी नेता खामोश रहे। दलित जनता ने अब अपने नेताओं से उम्मीद करनी छोड़ दी है। भविष्य में जितने भी आन्दोलन होंगे वे स्वयं ही दलितों द्वारा किए जाएँगे, जिसमें दलित नेतृत्व की कोई भूमिका नहीं होगी।

मीडिया की जवाबदेही

कुछ महीने पहले हुए आरक्षण विरोधी आन्दोलन की अपेक्षा इस बार मीडिया ने ज़रूर कुछ जागरूकता दिखाई है। अखबारों की भूमिका इलेक्ट्रॉनिक

मीडिया से कहीं बेहतर रही। आज टीवी के चैनल समाचार भी मनोरंजन का साधन बन गए हैं। उनमें गम्भीर समाचारों की बजाय कैटवॉक और पेज थ्री पार्टियों का ज़्यादा महत्त्व दिखाई देता है। राधा बने डी.आई.जी. पांडा की नौटंकी को हफ्तों तक रात-दिन समाचारों के सभी चैनल दिखा रहे थे। करवाचौथ और तुलसी विवाह की कवरेज भी खैरलांजी जनसंहार से कहीं ज़्यादा रही। भारतीय मीडिया खासकर इलेक्ट्रॉनिक मीडिया बहुत साम्प्रदायिक और जातिवादी है। इसकी वजह से ही देश में हिन्दू धार्मिक परम्पराओं का तेजी से विस्तार शुरू हुआ जो एक नए किस्म के उग्र धार्मिक सेक्टर के निर्माण के लिए जिम्मेदार है। ये भारतीय युवा वर्ग को गुमराह कर रहे हैं। आज का युवा वर्ग पूरी तरह से इनकी चपेट में आ गया है। मीडिया अपने सभी चैनलों द्वारा प्रसारित होनेवाले विभिन्न धारावाहिक और अन्य कार्यक्रमों के द्वारा एक नई किस्म की उग्र तालिबानी हिन्दू सोच को लोकप्रिय बना रहा है। इसका वजूद तालीबानी है जो आधुनिक है, उच्च शिक्षित है, आकर्षक भी है और धार्मिक भी है। तालिबान धार्मिक या साम्प्रदायिक वर्ग का नाम नहीं है। बल्कि उस मानसिकता का नाम है जो खुद को श्रेष्ठ और दूसरों को नीच समझती है और श्रेष्ठ लोगों के पैसे और सभी संसाधनों पर कब्जा चाहती है और जिस तक पहुँचने के लिए धार्मिक भावना या आस्था को साधन के रूप में इस्तेमाल करने से भी नहीं चूकती। सबके लिए अपने मन मुताबिक जीने के नियम तय करती है। उसके लिए आदेश देती है। आदेश न मानने पर ऐसी सजा देती है कि रूह काँप जाए और सारा माहौल आतंकित हो जाए। भारतीय सवर्ण हिन्दू समाज का एक हिस्सा तालीबानी है और दलित सिर्फ उनका विरोध करने की सजा पा रहे हैं। सदियों के जुल्म कुछ ही दिनों में खत्म नहीं होंगे, यह दलित जानते हैं। लेकिन सदियों तक और चलेंगे ऐसी उम्मीद भी कर नहीं सकते।

सरकार नहीं चाहेगी कि उस पर से जनता का विश्वास पूरी तरह से खत्म हो पर जब खैरलांजी जैसी घटनाएँ होती रहेंगी तब यह कैसे सम्भव हो पाएगा। ज़रूरी है कि सभी नागरिकों के साथ न्याय हो अन्यथा सभी वंचित वर्ग अगर साथ आ गए तो देश की राजनैतिक दिशा उलट जाएगी। सत्ता के नए समीकरण बनेंगे जिसमें दलित और आदिवासी, अल्पसंख्यक और स्त्रियों की भागीदारी होगी।

सदियों की भूख

महाराष्ट्र सरकार द्वारा नियुक्त राज्य में भूख से मरनेवाले बच्चों की स्थिति पर अभय बांग कमेटी की पहली रिपोर्ट पिछले शनिवार को राज्य के स्वास्थ्य मन्त्री डॉ. बिमल मुन्दडा द्वारा विधानसभा में रखी गई। कुल 55 पन्ने की रिपोर्ट के तथ्य और आकड़े बेहद दुखदायी हैं। इस रिपोर्ट के मुताबिक महाराष्ट्र में हर साल भूख और कुपोषण से लगभग 1,60,000 बच्चे मर जाते हैं। इनमें 82,000 बच्चे ग्रामीण क्षेत्रों में, लगभग 23,500 आदिवासी क्षेत्रों में और 56,000 शहरी झोपड़पट्टी के इलाके में मर जाते हैं। अफसोस की बात है कि इनमें से अधिकतर बच्चों की दस्त और निमोनिया जैसी मामूली बीमारियों से मृत्यु हो जाती है, जिन्हें मात्र थोड़ी-सी मदद और जागरूकता से बचाया जा सकता था।

महाराष्ट्र को देश के अन्य राज्यों के मुकाबले आर्थिक दृष्टि से एक बेहतर राज्य माना जाता है। जहाँ जनस्वास्थ्य सुविधाएँ देश के अन्य भागों की अपेक्षा कहीं अच्छी समझी जाती हैं। इसके बावजूद जब इस राज्य की स्थिति इतनी भयावह हो सकती है तो देश के अन्य राज्यों का क्या हाल होगा, इसका अन्दाजा लगाया जा सकता है। चूँकि मरनेवाले अधिकतर बच्चे गरीब दलित और आदिवासी वर्गों के होते हैं, इसलिए सरकार भी इस मुद्दे पर ज़्यादा ध्यान नहीं देती। यह सदियों से भूख से संघर्ष करते आए लोगों का मामला है। इसलिए पक्ष और विपक्ष दोनों इस मुद्दे पर उदासीन हैं। जिस देश का 40 प्रतिशत हिस्सा आज भी गरीबी की सीमा रेखा के नीचे रहता है और जिसे पूरे महीने में सिर्फ 7 या 8 बार ही खाने को अनाज मिलता हो और बाकी वक्त जो पत्ते या जड़ें ही उबालकर खाता हो, उसके लिए लड़नेवाले भी कुछ खास मौसम में ही नज़र आते हैं। और ऐसे खास मौसम चुनाव के ही होते हैं।

राजनीति में गरीबी से त्रस्त दलित और आदिवासी इलाकों में जाया जाता है। उनका दु:ख-दर्द सुना जाता है। उस पर दु:खी होकर सत्ताधारी सरकार से लड़ने-मरने का वादा किया जाता है, कुछ छोटा-मोटा दान भी किया जाता है। ऐसा ही एक नेक काम उद्धव ठाकरे ने भी पिछले दिनों किया। वे मेलघाट गए। इस आदिवासी इलाके में भूख से हुई मौतों पर बेहद चिन्तित होते हुए उन्होंने वहाँ जीवनरक्षक दवाइयाँ बाँटी। एक और विशेष कार्य उन्होंने वहाँ पर किया—चार आदिवासी ईसाइयों को सन्तरी रंग का शाल देकर दोबारा हिन्दू बनाया। 5 हजार सालों से हर तरह से उत्पीड़ित आदिवासी और दलित वर्ग जिस स्थान पर था आज भी वहीं है। बार-बार धर्म परिवर्तन ने भी उसकी सामाजिक, आर्थिक और शैक्षणिक स्थिति में जरा भी परिवर्तन नहीं किया। फिर उद्धव ठाकरे ने भी उन्हें आदिवासी ईसाई से आदिवासी हिन्दू ही बनाया है, कोई ब्राह्मण या राजपूत नहीं। जबरन धर्म परिवर्तन के लिए उन्होंने ईसाई मिशनरियों को चेतावनी भी दी कि वैसे तो वे सभी धर्मों की इज्जत करते हैं पर लोभ या जोर-जबरदस्ती से धर्म परिवर्तन के खिलाफ हैं। वे ईसाई मिशनरियों के साथ मिलकर उस क्षेत्र के विकास, शिक्षा, बीमारी और भूख जैसे मुद्दों पर बात तो कर सकते हैं पर धर्म परिवर्तन पर उनका विरोध बदस्तूर जारी रहेगा।

क्या करें, सेनानियों का चरित्र ही कुछ ऐसा है कि नेक काम भी बिना धमकाए कर नहीं सकते। मामला जब भूख का हो तो बीच में धर्म या राजनीति दोनों को ही नहीं लाना चाहिए। यह मानवता का मामला है, जिस पर हर बन्धन, हर सीमा को तोड़कर सभी को सर्वोच्च प्राथमिकता के आधार पर ध्यान देना चाहिए। भूखे आदमी की कोई राजनैतिक विचारधारा नहीं होती, होनी भी नहीं चाहिए। उसका धर्म, उसकी राजनीति सिर्फ मुट्ठी भर अन्न होता है। अफसोस है कि दुनिया के सबसे बड़े लोकतन्त्र में आधी आबादी को आज भी भरपेट खाना नहीं मिलता और यही भूखी आबादी उसका सबसे बड़ा वोट बैंक है।

1991 में प्रधानमन्त्री मनमोहन सिंह ने वित्त मन्त्री के रूप में उदारीकरण के प्रक्रिया की शुरुआत करते वक्त, उसके पक्ष में जोरदार वकालत की थी। देश को यह भरोसा दिलाया था कि उससे विकास होगा और गरीबी दूर होगी। जब विदेशी निवेश बढ़ेगा और देश में पैसा आएगा, तब वह पैसा सामाजिक विकास के लिए उपयोग में लाया जाएगा। विदेशी निवेश का पैसा कहाँ गया यह तो पता नहीं, पर इतने वर्षों से जो पैसा विश्व बैंक और अन्य वित्तीय संस्थानों ने भारत

सरकार को गरीबी उन्मूलन की कई योजनाओं के तहत, गरीबी रेखा के नीचे बसर करनेवाले वर्गों की शिक्षा, रोजगार आवास और स्वास्थ्य के लिए कम ब्याज दर पर दिए थे उनका भी कहीं अता-पता नहीं। उन्हें तो स्वयं सरकार ने ही किसी दूसरे क्षेत्रों में स्थानान्तरित कर दिया है। देश की जनता को अँधेरे में रखकर जब सरकार इस बेहद ज़रूरतमन्द वर्ग की ज़रूरतों के प्रति जवाबदेह न हो तो यह सदियों की भूख कभी खत्म नहीं होगी। देश के कई हिस्सों में बढ़ती हुई हिंसा ने अब इस अन्याय का जवाब देना शुरू कर दिया है। वक्त रहते देश चलानेवालों को यह समझ लेना चाहिए कि न्याय बिना शान्ति नहीं और शान्ति बिना विकास सम्भव नहीं होता।

महिला आरक्षण बिल का गणित

20 नवम्बर, 2000 से शुरू हुए संसद के शीतकालीन सत्र में एक बार फिर लोकसभा की कार्य संचालन समिति की सिफारिश पर महिला आरक्षण बिल को बहस की सूची में शामिल नहीं किया गया, जबकि प्रधानमन्त्री अटलबिहारी वाजपेयी ने इसी वर्ष स्वतन्त्रता दिवस के अवसर पर लाल किले से अपने किए गए ढेर सारे वादों के साथ इस बिल को भी लागू करने का वचन पूरे देश को दिया था। अभी हाल ही में स्वयं उनकी पार्टी में अचानक उभर आई पिछड़े वर्ग की मसीहा साध्वी उमा भारती ने इस बिल में संशोधन करके उसे लागू किए जाने तक अपने संघर्ष को किसी भी सीमा तक ले जाने का ऐलान कर अपनी ही पार्टी को मुसीबत में डाल दिया। इस बिल के सन्दर्भ में कुछ दिनों पहले चुनाव आयोग द्वारा एक सुझाव सभी राजनैतिक दलों को भेजा गया था। सुझाव के अनुसार, इस विवादित बिल को संसद के बजाय चुनाव आयोग द्वारा लागू किया जाना चाहिए, क्योंकि उसके पास जनप्रतिनिधित्व कानून के तहत यह अधिकार मौजूद है कि वह सभी राजनैतिक दलों को इस बिल को लागू करने का आदेश दे सकता है। यह रास्ता आसान है, क्योंकि इससे यह बिल संविधान संशोधन के झंझट और सभी राजनैतिक दलों द्वारा निभाई जानेवाली परस्पर विरोधी भूमिका से बच जाएगा। इस सुझाव का देश की अधिकतर महिला संगठनों ने स्वागत किया है परन्तु सभी राजनैतिक दलों ने, समाजवादी पार्टी को छोड़कर, विरोध किया है, क्योंकि राजनीतिक दलों को चुनाव लड़ने पड़ते हैं और कम-से-कम जनता के सामने तो वे जमीनी सच्चाइयों से भाग नहीं सकते।

भारत का सवर्ण वर्ग और अधिकतर समाजसेवी संगठन हमेशा से ही आरक्षण विरोधी रहे हैं। उनका यह तर्क है कि आरक्षण समता के मूल सिद्धान्त का विरोधी है, जबकि वास्तव में यह तर्क ही तर्कहीन है। सदियों से शोषित सामाजिक और आर्थिक रूप से पिछड़े एक बहुत बड़े नागरिक वर्ग को अन्य

साधन सम्पन्न वर्ग के समकक्ष लाने के लिए ही संविधान के अनुच्छेद 16 (4) के तहत आरक्षण का प्रावधान किया गया। 54 सालों की आज़ादी के बाद भी सभी धर्म के अधिकतर दलित और पिछड़े नागरिक वर्गों को आज तक संसद में प्रतिनिधित्व नहीं मिला जो कि लोकतन्त्र की परम्परा के विरुद्ध है और एक स्वस्थ सामाजिक रचना में सबसे बड़ी बाधा है। इसी कारण इन वर्गों पर अत्याचार बढ़ते ही जा रहे हैं और आज तक उनका समुचित विकास नहीं हो पाया। हिन्दू समाज में उच्चवर्णीय जातियों की जनसंख्या अन्दाजन मात्र 15 प्रतिशत है जिनके हाथों में सदियों से चली आ रही व्यवस्था के सूत्र हैं। प्रत्यक्ष अथवा परोक्ष रूप से शिक्षा, धन, सम्पत्ति, जमीन और सत्ता सभी पर उनका कब्जा रहा है। वे हमेशा ही विकेन्द्रीकरण, लोकतन्त्र एवं समता के विरुद्ध रहे। इसी तथ्य को ध्यान में रखकर संविधान निर्माताओं ने समता को सभी भारतीय नागरिकों का मूलभूत अधिकार मानकर संविधान में आरक्षण का प्रावधान किया। आरक्षण भारतीय संविधान की वह बुनियादी शर्त है जो समता के लिए ज़रूरी है। यदि ऐसा नहीं होता तो आज भारत की सम्भ्रान्त महिला वर्ग को इस आरक्षण की ज़रूरत महसूस नहीं होती। आधी से अधिक सदी पुरानी हो चुकी आज़ादी के बाद भी जब महिलाओं को संसद में समुचित प्रतिनिधित्व नहीं मिला, तब इस वर्ग ने देश भर में इस बिल के समर्थन में जोरदार वकालत शुरू की है। अनगिनत सेमीनार, गोष्ठियों और मोर्चों का देशभर में आयोजन किया गया।

परन्तु इस बिल में संशोधन के जो सुझाव विभिन्न राजनीतिक दलों ने दिए हैं उन पर शायद चुनाव आयोग का ध्यान नहीं गया। यही इस बिल की सबसे बड़ी कमजोरी है। यह बिल पंचायती राज बिल (74वाँ संविधान संशोधन) के अनुरूप ही तैयार किया गया है, इसमें भी महिलाओं को 33 प्रतिशत आरक्षण दिया गया है। केवल हिन्दू दलित महिला वर्ग (महाराष्ट्र में दलित नवबौद्ध) और आदिवासी महिला वर्ग के लिए पहले से विद्यमान 22 प्रतिशत आरक्षित कोटे में से 33 प्रतिशत स्थान सुरक्षित रखे गए हैं, जो जनसंख्या के हिसाब से काफी कम है। बाकी बचे सभी धर्म जिनमें मुस्लिम, सिक्ख, ईसाई आदि धर्मों की दलित-आदिवासी एवं अन्य पिछड़े वर्ग की महिलाएँ शामिल हैं, उनके लिए आरक्षण का कोई प्रावधान नहीं किया गया। जबकि यह जनसंख्या के हिसाब से देश का सबसे बड़ा महिला वर्ग है। भारतीय जनसंख्या के जातिगत गणित के आधार पर देश में उच्चवर्णीय जनसंख्या मात्र 15 प्रतिशत है। इसके आधा भाग यानी 7.5 प्रतिशत महिला वर्ग के लिए अघोषित रूप से 33 प्रतिशत

राजनीतिक आरक्षण इस बिल के तहत तय किया जाना है। दलित आदिवासी वर्ग की जनसंख्या लगभग 22 प्रतिशत है। उसका महिला वर्ग 11 प्रतिशत है। उसके लिए 22 प्रतिशत आरक्षण में से 33 प्रतिशत यानी 7.2 प्रतिशत तय होगा। शेष बची 63 प्रतिशत जातियाँ जिसमें सभी धर्म शामिल हैं और जिनकी महिला वर्ग की जनसंख्या 31.5 प्रतिशत है उनके लिए कोई भी आरक्षण तय नहीं किया गया है। जबकि इस वर्ग की महिलाओं को आज तक संसद में प्रतिनिधित्व नहीं मिला और भविष्य में मिलेगा भी इसकी कोई गारंटी नहीं है। ऐसे हालात में इस बिल का क्या औचित्य है और यह किन उद्देश्यों की पूर्ति करेगा यह बहस का विषय है। आरक्षण का मतलब मात्र किसी वर्ग विशेष के लिए शिक्षा संस्थानों अथवा सरकारी नौकरियों पर कुछ स्थान सुरक्षित रखवाना नहीं है, बल्कि सदियों से चली आ रही ब्राह्मणवादी व्यवस्था को तोड़कर एक ऐसे समाज की रचना करना है जो अपने सभी नागरिकों को समता पर आधारित एक सुरक्षित शोषणरहित और सम्मानित जीवन प्रदान कर सके। जाति, धर्म और लिंग पर आधारित शोषण की प्रथा को बन्द कर सभी को विकास के अवसर प्रदान कर सके। ऐसी स्थिति में यह ज़रूरी है कि देश के सभी धर्मों की दलित-आदिवासी एवं पिछड़े वर्ग की महिलाओं की सामाजिक, आर्थिक, शैक्षणिक एवं राजनैतिक स्तर को ध्यान में रखकर उनकी जनसंख्या के आधार पर ही उन वर्गों पर आरक्षण देने का प्रावधान चुनाव आयोग को इस बिल में शामिल करना चाहिए। इन वर्गों पर होनेवाले अन्याय एवं अत्याचारों को सर्वोच्च प्राथमिकता देते हुए इस बिल में, बल्कि पंचायती राज बिल में भी संशोधन किया जाना चाहिए, ताकि पंचायत से लेकर संसद तक पहुँचकर यह वर्ग अपनी आवाज समूचे देश के साथ-साथ सर्वोच्च मंच पर भी उठा सके, जो सभी तबकों के न केवल विकास की नीति निर्धारित कर सके और उसके साथ ही उनके क्रियान्वयन में भी अपनी सशक्त भूमिका निभा सके। अन्यथा सामाजिक न्याय और विकास की तमाम योजनाओं का कोई फायदा देश की 85 प्रतिशत जनता को कभी भी नहीं मिल पाएगा। अगर ऐसा न हुआ तो यह न केवल देश के सबसे बड़े सबसे शोषित, अशिक्षित और बेसहारा वर्ग के साथ किया गया भारतीय इतिहास से सबसे बड़ा अन्याय होगा, बल्कि भारत विश्व में कभी भी एक विकसित देश का दर्जा प्राप्त नहीं कर पाएगा।

निजी क्षेत्र में आरक्षण

सरकार निजी क्षेत्रों में भी आरक्षण लागू करेगी, पर अभी इस विषय पर कोई कानून लाना नहीं चाहती, परन्तु अब इसका वक्त आ गया है और उद्योग जगत को भी अपनी सामाजिक जिम्मेदारी समझते हुए स्वयं ही इस दिशा में आगे आना चाहिए। यह है चुनाव प्रचार के लिए मुम्बई आए प्रधानमन्त्री मनमोहन सिंह के विभिन्न स्थानों पर दिए गए वक्तव्यों के कुछ अंश; जिससे उद्योग जगत में घबराहट फैल गई। यह तो चुनाव प्रचार में इस्तेमाल किए जानेवाले वादे मात्र थे, जिन्हें ज़्यादा गम्भीरता से नहीं लिया जाना चाहिए था। परन्तु जिस तरह से उद्योग जगत ने इस ने बात पर बवाल खड़ा किया, खासकर राहुल बजाज ने, उससे तो इस वर्ग की असलियत ही खुल गई। यह वर्ग हमेशा से लोकतन्त्र और संविधान विरोधी रहा है। जिन्हें 5000 वर्षों से वर्ण व्यवस्था से फायदा पहुँचता रहा हो, निजी क्षेत्र में आरक्षण का समर्थप कैसे कर सकता है। वास्तव में भारतीय पूँजीपति वर्ग ही जाति प्रथा का सबसे बड़ा पोषक रहा है। भारत में सदियों से जाति के आधार पर ही कारोबार निर्धारित किए गए जिसने मात्र तीन बनिया जाति को देश की समस्त धन सम्पदा का मालिक बनाए रखा है। जिसका फायदा पीढ़ी-दर-पीढ़ी व्यवसाय के रूप में उनके ही परिवार द्वारा हस्तान्तरित होती रही है। देश में आज जितने भी औद्योगिक घराने हैं, उन सभी में उनके ही परिवार के सदस्य उच्च एवं निर्णायक पदों पर आसीन हैं, जिसका कोई फायदा देश या जनता को नहीं होता। मात्र टैक्स भर देना ही उनकी दृष्टि में उनकी देशभक्ति एवं कर्तव्यों की पूर्ति है और वे इसमें कितने ईमानदार हैं इसकी एवज में वे सरकार से कितनी सुविधाएँ प्राप्त करते हैं यह किसी से छिपा नहीं है। देश की भोली-भाली जनता को सदियों से बेवकूफ बनाकर उनका हक और कमाई छीनकर यह वर्ग उस पर कुंडली मारे बैठा है जिसे अब पढ़े-लिखे दलित और

पिछड़े वर्ग की बढ़ती हुई जागरूकता से खतरा महसूस हो रहा है इसीलिए यह मेरिट की बात कर रहे हैं, जबकि मेरिट किसे कहते हैं और यह किन मापदंडों पर निर्धारित किया जाए, अभी यह ही तय नहीं हो पाया है। जिसे अवसर मिलता है वही अपना मेरिट साबित करता है अगर राहुल बजाज या उनके जैसे तमाम उद्योगपतियों को अपने पीढ़ियों से चले आ रहे उद्योग समूह की बागडोर नहीं मिली होती तो उनकी योग्यता के अनुसार वे किस स्थान पर काम कर रहे होते, यह उन्हें ज़रूर सोचना चाहिए।

राहुल बजाज आजकल उद्योग जगत की आरक्षण विरोधी मुहिम का नेतृत्व कर रहे हैं। जून 2004 में जब महाराष्ट्र के मुख्यमन्त्री सुशील कुमार शिन्दे ने इसी विषय पर एक बिल लाने की पेशकश की थी, तब राहुल बजाज इतने उद्वेलित हो गए कि उन्होंने महाराष्ट्र सरकार को यह धमकी दे डाली कि अगर ऐसी कोशिश भी की गई तो वे अपना सारा कारोबार समेट कर उसे किसी दूसरे राज्य में लगा देंगे। वे महाराष्ट्र सरकार को धमकाने में ज़रूर सफल हो गए, लेकिन देश की जनता को बेवकूफ नहीं बना सकते। कम-से-कम उन्हें पहले यह तो पता लगाने की कोशिश कर लेनी चाहिए थी कि मात्र इस वजह से देश का कोई भी दूसरा राज्य तो छोड़िए बिहार जैसा पिछड़ा राज्य भी उन्हें अपने यहाँ उद्योग लगाने की इजाज़त नहीं देगा। लोकतन्त्र में जनशक्ति का कितना महत्त्व होता है यह जानने की उन्हें कोशिश करनी चाहिए। आज भले ही दलित वर्ग अपने बलबूते पर अपनी सरकार नहीं बना सकता परन्तु अपनी पसन्द की सरकार बनाने की ताकत रखता है। वह दिन अब दूर नहीं जब दलित और पिछड़ा वर्ग साथ आकर इन ब्राह्मणवादी ताकतों से हमेशा-हमेशा के लिए सत्ता छीन लेगा और सभी क्षेत्रों में विकेन्द्रीकरण की प्रक्रिया का शुरुआत करेगा, इसी का भय इस वर्ग को सता रहा है। तभी यह निजीकरण की इतनी वकालत कर रहा है। यह जानते हुए भी कि इससे देश का कितना नुकसान होगा। ग्लोब्लाइजेशन में कम्पटीशन और विश्व व्यापार संघ का डर दिखाकर यह सरकार और जनता दोनों को ही आतंकित कर रहा है और एक ऐसी पूँजीवादी अर्थव्यवस्था का निर्माण कर रहा है जो पूरी तरह शोषण पर आधारित है जो देश के करोड़ों मजदूरों और सदियों से दुर्लभ एवं कलात्मक सांस्कृतिक धरोहर को बचाए रखनेवाले सभी कारीगरों को पूरी तरह से मिटा देगी।

राहुल बजाज ने 21 सितम्बर, 2004 को *टाइम्स आफ इंडिया* के मुम्बई संस्करण में आरक्षण के विरोध में एक लेख लिखा। इस लेख में उन्होंने कोई नई बात नहीं रखी, अलबत्ता जी-भरकर अपना गुस्सा उतारा है। मंडल विरोधी अन्दोलन के दौरान भी यही बातें लिखी और कही गई थीं, जिसका उचित जवाब भी कई बार दिया जा चुका है। साफ तौर पर यह एक ही तर्क पर आधारित है जो यह मानता है कि दलितों में मेरिट नहीं है सारा मेरिट सिर्फ सवर्णों के पास ही है। राहुल बजाज इसी मानसिकता के शिकार हैं। वे पूर्वाग्रह से इतना ग्रस्त हैं कि उन्होंने इस विषय पर जानकारी लेना भी ज़रूरी नहीं समझा। यह तो राहुल बजाज जानते ही होंगे कि भारतीय सामाजिक व्यवस्था के आधार पर सवर्ण वर्ग की आबादी देश की कुल आबादी का लगभग 15 प्रतिशत ही है। यह तबका 5000 वर्ष से देश की सत्ता एवं धनसम्पदा पर काबिज है। 73 सालों बाद भी देश का यह 15 प्रतिशतवाला तबका सरकारी और निजी क्षेत्रों के उपक्रमों के सभी प्रमुख पदों पर आसीन है। भारत सरकार के कई मन्त्रालयों में तो आरक्षण का प्रावधान ही नहीं है जिनमें सेना और कई उच्च पदों पर केवल 5 प्रतिशत और छोटे पदों पर 10 प्रतिशत दलित काम करते हैं। फिर सरकारी क्षेत्रों के गिरते स्तर के लिए दलितों को कैसे जिम्मेदार ठहराया जा सकता है। राहुल बजाज एवं तमाम पूँजीपति वर्ग को कम-से-कम अब तो इस सच्चाई को स्वीकारते हुए इसके लिए सवर्णों को ही जिम्मेदार ठहराने का न्याय एवं साहसपूर्ण काम करना चाहिए और दलितों से यह उम्मीदें छोड़ देनी चाहिए कि वे किसी और के किए गए गुनाहों का जिम्मा अपने सिर लें।

राहुल बजाज न तो समाजशास्त्री हैं न संविधान विशेषज्ञ और न ही इस विषय पर उन्हें कुछ विशेष जानकारी है। उन्हें तो शायद यह भी पता नहीं कि आज तक एक भी ऐसा तुलनात्मक अध्ययन नहीं किया गया है जो यह साबित कर सके कि सवर्णों की कार्यकुशलता दलितों की अपेक्षा अधिक है या दलितों को दिए गए आरक्षण की वजह से देश का किसी भी क्षेत्र में नुकसान हुआ है। सवणों की योग्यता का सबसे ताजा उदाहरण इसी वर्ष हुए ओलम्पिक्स में उनका प्रदर्शन है बल्कि आज तक जिन खिलाड़ियों ने देश का नाम रोशन किया है जिसमें मिल्खा सिंह, पीटी उषा और लिम्बाराम जैसे कई नाम शामिल हैं, वे सभी दलित एवं पिछड़े वर्ग से आते हैं। दलितों ने बड़ी तक़लीफ और कड़ी मेहनत के बाद उन्हें जो अवसर मिला, उसमें बड़ी सफलता हासिल कर दिखाई है। हाँ, कुछ एक अपवाद हो सकते हैं परन्तु यह अपवाद भी दलितों में काफी कम हैं। राहुल बजाज ने ऐटरोसिटी एक्ट के दुरुपयोग के एक मामले

का जिक्र अपने लेख में किया है। जहाँ एन.आई.टी.आई.ई. के एक अधिकारी को सिर्फ इसलिए एक दिन जेल में रहना पड़ा, क्योंकि उन्होंने एक दलित को ठीक से काम न करने की वजह से डाँटा था। कोई भी दलित इस एक्ट के गलत उपयोग का समर्थन नहीं करेगा लेकिन इस घटना की किसी के पास पूरी जानकारी नहीं है।

इस एक्ट के अनुसार जब तक जातिवाचक शब्दों या गालियों का प्रयोग नहीं किया जाए, यह एक्ट लागू नहीं किया जा सकता। इसलिए इस बात की कम ही सम्भावना है कि बिना किसी बड़े कारण के यह कदम उठाया गया होगा। पक्ष-प्रतिपक्ष दोनों की जाँच किए बगैर किसी नतीजे पर पहुँचना और उस पर सार्वजनिक राय जाहिर करना खतरनाक साबित हो सकता है। खासकर, दलितों के विषय पर दलितों पर तो छोटी-छोटी गलतफहमियों की वजह से भी भयंकर जानलेवा हमले हुए हैं। वैसे भी इस कानून के तहत आज तक किसी को सजा नहीं हुई। उलटा रिपोर्ट करनेवाले दलितों और उनके परिवार को पुलिस और अभियुक्त दोनों ने बाद में तकलीफें दीं। शिकायत वापस लेने का दबाव डाला गया। ऐसे मामले भरे पड़े हैं इस कानून में इतने लूप होल्स हैं कि स्वयं कई दलितों ने भी इसे रद्द करने की वकालत की है।

देश की आज़ादी और भारतीय संविधान द्वारा लोकतन्त्र की स्थापना के बाद करोड़ों गरीब अशिक्षित दलितों, पिछड़ों और स्त्रियों को पहली बार रोजगार और शिक्षा के अवसर मिले और वह भी देश की मुख्यधारा से जुड़ने लगे लेकिन इसी पूँजीवादी वर्ग ने दलितों, पिछड़ों और स्त्रियों को शिक्षा, रोजगार, स्वास्थ्य और आवास जैसी बुनियादी ज़रूरतों के लिए किए जानेवाले समता एवं सेक्युलर विचारधारा के जनसंघर्ष के विरोध में भी समय-समय पर धर्मान्ध शक्तियों की सहायता की। हमेशा से ही पूँजीपति वर्ग ने राजनीति और ब्यूरोक्रेसी में भ्रष्टाचार को बढ़ाया, जोड़तोड़ और जुआड़ से मेरिट को हराया है। लोकतन्त्र और विकेन्द्रीकरण के बजाय जाति को जिन्दा रखा है, उसे मजबूत बनाया है। इस वर्ग ने देश या जनता के लिए आज तक कुछ नहीं किया। सती के नाम पर रूपकुँवर को जब जिन्दा जला दिया गया, तब यह वर्ग चुप रहा। बाबरी मस्जिद गिराए जाने और उसके बाद हुए भयंकर दंगों पर यह वर्ग चुप रहा। मुम्बई और गुजरात में जब मुसलमानों पर जनसंहार किया गया, तब भी यह वर्ग चुप रहा और दलितों, आदिवासियों पर हुए आज तक के सभी हमले, जिनमें हजारों बेगुनाह लोग मारे गए, यह वर्ग आज तक चुप रहा। ग्राहम स्टेंस और उनके बच्चों को ज़िन्दा जला दिया गया, तब भी यह वर्ग चुप रहा। देश के कई स्थानों

पर चर्च और ईसाई समुदाय पर जब हमले हुए तब यह वर्ग चुप रहा लेकिन अब वक्त आ गया है कि यह वर्ग अपनी गलतियों को स्वीकारते हुए दलितों, पिछड़ों और स्त्रियों के लिए मुक्त शिक्षा उपलब्ध कराने का विरोध न करें और उन्हें रोजगार उपलब्ध कराकर अपने गुनाहों की भरपाई करें।

महाराष्ट्र में कांग्रेस और उसके सहयोगी दलों की सत्ता में वापसी का श्रेय दलित एवं मुसलमान वोट बैंक को जाता है। ऐन वक्त में प्रधानमन्त्री का निजी क्षेत्रों में आरक्षण का बयान काम कर गया जिस वजह से मायावती को भी खाली हाथ वापस लौटना पड़ा लेकिन कांग्रेस के इन चुनावी मुद्दों का हमेशा की तरह क्या हश्र होता है यह तो आनेवाला वक्त ही बताएगा। लेकिन यह तो तय है कि अब इस वोट बैंक को अपनी ताकत का अन्दाजा हो गया है। अब वक्त आ गया है कि सभी राजनैतिक दलों को अपने सदियों से किए गए वादों को पूरा करने का नेक काम करना चाहिए।

शिक्षा आज भी गरीब भारत का सपना

जब लड़का पढ़ता है तब अकेला वही शिक्षित बनता है
लेकिन जब लड़की पढ़ती है तब पूरा परिवार शिक्षित बनता है।

महात्मा जोतिबा फुले

11 सितम्बर, 2009 दिल्ली के अखबारों में छपी एक दर्दनाक खबर से सभी संवेदनशील भारतीयों का दिल दहला और उस स्थिति को असहाय बने देखते रहने पर सभी ने खुद कोसा भी। एक दिन पहले दिल्ली के एक गरीब रिहायशी इलाके खजूरी खास स्थित सरकारी स्कूल में हुईं भगदड़ में पाँच युवा छात्राओं की बुरी तरह कुचलकर मौत हो गई, 34 घायल हुईं, जिनमें से 6 की हालत गम्भीर है। दुर्घटना के सही कारणों का पता तो जाँच के बाद ही चलेगा, लेकिन जो तथ्य सामने अब आए हैं, उसमें स्कूल की एकमात्र सीढ़ी का सँकरा या तंग होना प्रमुख है। उस दिन वहाँ 1200 छात्र अर्धवार्षिक परीक्षा का पेपर देने के लिए पहुँचे थे। दिल्ली में पिछले दो दिनों की बारिश से सभी इलाकों में पानी भर गया था। इस स्कूल के तल मंजिल के कमरों में भी पानी भर जाने के कारण, छात्रों को बगैर सोचे-समझे पहली मंजिल के कमरों में चले जाने को कह दिया गया। जबकि उस दो मंजिला स्कूल में केवल एक ही सँकरी-सी सीढ़ी है जिस पर 300 छात्र एक साथ चढ़ने लगे। प्राथमिक जाँच से पता चला कि कुछ लड़कों की छेड़खानी से घबराई लड़कियाँ भागने की कोशिश में एक-दूसरे पर गिरने लगीं जो उस सँकरी सीढ़ियों में जमा भीड़ में से निकल नहीं पाईं और वहीं पर दबकर कुचले जाने से पाँच लड़कियों की मौत हो गई। अध्यापकों की नासमझी से इतनी बड़ी दुर्घटना हो गई, जिसे जरा-सी दूरदर्शिता से टाला जा सकता था जबकि यह तो जगजाहिर है कि भगदड़ के बड़े हादसों के कारण अक्सर तंग गलियाँ, सड़कें, सीढ़ियाँ या निकासी के लिए कम दरवाजों का होना ही होते हैं, जिनके कारण ऐसे हादसों का स्वरूप ज़्यादा बड़ा और भयानक हो

जाता है। अधिकतर ऐसे हादसों की चपेट में आकर देश का गरीब वर्ग बेमौत मारा जाता रहा है। मुम्बई और दिल्ली की झोपड़पट्टियों में अक्सर लगनेवाली आग और उससे होनेवाले जान और माल की तबाही इसका प्रमाण हैं। इन हादसों के वास्तविक कारणों का कभी पता नहीं चलता है।

यह दिल दुखानेवाली वह सच्चाई है जिसने देश को पिछले पाँच हजार सालों से दो हिस्सों में बाँट रखा है। एक अमीर सुविधा सम्पन्न ऐशोआराम में जीता भारत। दूसरा गरीब, बीमार, कभी भूख तो कभी इस तरह के हादसों का शिकार होता भारत। यह फ़र्क सिर्फ़ रहन-सहन में ही नहीं बल्कि हर जगह है। यहाँ तक कि शिक्षा और स्वास्थ्य सम्बन्धी व्यवस्थाओं में भी साफ-साफ दिखाई देता है।

देश के सभी बड़े शहरों में आज ऐसे कई स्कूल हैं, जिनके क्लासरूम और बसें तक वातानुकूलित हैं, जिनमें देश के छात्र वर्ग का शायद आधा प्रतिशत या उससे कम पढ़ता है बाकी बचा वर्ग खजूरी खास जैसे सरकारी स्कूलों में पढ़ता है, जहाँ सहूलियतें तो दूर बुनियादी ज़रूरतों पर भी कभी ध्यान नहीं दिया जाता—चाहे वह सीढ़ी, शौचालय या ब्लैक बोर्ड ही क्यों न हो। सीढ़ियाँ और शौचालयों को बनाने में अपेक्षाकृत ज़्यादा खर्च आता है। इसीलिए गरीबों की बस्तियों और सरकारी स्कूलों और अस्पतालों में सीढ़ियाँ और शौचालय कम ही बनाए जाते हैं लेकिन सस्ते ब्लैकबोर्ड भी अधिकतर सरकारी स्कूलों में खासतौर पर ग्रामीण इलाकों में नहीं होते, जो गरीब बच्चों को शिक्षा की राह में सबसे बड़ी बाधा है। अपने कार्यकाल में स्वर्गीय प्रधानमन्त्री राजीव गाँधी ने 'आपरेशन ब्लैक बोर्ड' नाम से एक योजना की शुरुआत की थी। इस योजना का एकमात्र लक्ष्य देशभर में स्कूलों में ब्लैकबोर्ड मुहैया कराना था। उस योजना से कितना फायदा हुआ यह तो शोध का विषय है, लेकिन यह शर्मनाक है कि दुनिया के सबसे बड़े लोकतन्त्र में, जहाँ पढ़नेवाले बच्चों की संख्या करोड़ों में है उनके स्कूलों में ब्लैक बोर्ड तक नहीं है। यह उस ब्राह्मणवादी मानसिकता का प्रतीक है जो सदियों से शूद्र, अतिशूद्र और स्त्रियों को उन सभी मानव अधिकारों से वंचित करती आई है। इस वंचना में शिक्षा का अधिकारी प्रथम स्थान पर है।

भारत में शिक्षा का इतिहास शर्मनाक है। इस पर सदियों से जनसंख्या के केवल 3 प्रतिशत ब्राह्मण वर्ग का कब्जा रहा है। स्त्रियों, शूद्रों और अतिशूद्रों को वेदों को देखने की भी इजाज़त नहीं थी। शिक्षा का अधिकार भारत में सभी नागरिकों के संविधान के 1950 में लागू किए जाने के बाद ही मिला। 1 जनवरी, 1848 को पुणे की मिडेवाडी में फुले दम्पति ने लड़कियों के लिए पहला स्कूल

खोलकर भारत में स्त्री शिक्षा की नींव रखी, जिसका पुणे के ब्राह्मण वर्ग द्वारा तीव्र विरोध भी हुआ लेकिन जोतिबा जानते थे कि भारत का विकास शिक्षा के बगैर सम्भव नहीं हो सकता। स्त्री, दलित, शूद्र, अतिशूद्रों को मुफ्त शिक्षा दी जानी चाहिए और वह राज्य की जिम्मेदारी है। जोतिबा ने इस विषय पर 'हंटर कमीशन' के सामने उपस्थित रहकर बहस भी की और प्रतिवेदन भी दिए। फुले दम्पति का शिक्षा के प्रति लगाव किसी जुनून की तरह था, जो उन्होंने मात्र 4 साल में पुणे और उसके आस-पास 18 स्कूल खोले जहाँ सभी को मुफ्त शिक्षा दी जाती थी।

केन्द्रीय मानव संसाधन मन्त्री कपिल सिब्बल द्वारा संसद में लाया गया शिक्षा सम्बन्धी एक महत्त्वपूर्ण बिल पारित किया गया, जिसमें 6 वर्ष से 14 वर्ष तक के आयु वर्ग में आनेवाले सभी बच्चों के लिए नि:शुल्क प्राथमिक शिक्षा का प्रावधान किया गया है। इसे अगर ईमानदारी से लागू किया गया तो सभी देशवासियों को शिक्षा का मूलभूत अधिकार का दर्जा मिलेगा जो पिछले पाँच हजार सालों से अधिकतर नागरिक वर्ग के लिए वर्जित था। विज्ञान, तकनीक, संस्कृत, साहित्य और इतिहास जैसे कई महत्त्वपूर्ण विषयों की जानकारी सिर्फ मुट्ठी भर ब्राह्मण वर्ग के पास ही सिमट कर रह गई, जिससे अन्ततः देश का ही नुकसान हुआ। इतना बड़ा वर्ग अशिक्षित रह गया, जिससे देश का समुचित विकास नहीं हो सका। आज इतने बड़े वर्ग को शिक्षित कर मुख्यधारा में लाना, उसके लिए धन और संसाधन जुटाना बहुत बड़ी चुनौती है, जिसे पूरा करना किसी महायुद्ध से कम नहीं और यह महायुद्ध तभी जीता जा सकेगा जब खजूरी खास जैसे हादसों की पुनरावृत्ति न हो। नहीं तो गरीब भारत की शिक्षा का सपना, सपना ही रह जाएगा।

दलित और आदिवासी स्त्री की अस्मिता पर राजनीति

भारतीय सामाजिक व्यवस्था का सबसे कमजोर और दमित हिस्सा दलित एवं आदिवासी स्त्रियों का है जो आज तक यौन हिंसा और अपमान को झेल रहा है। देश के प्रायः सभी भागों से इस तरह की कई दिल दहला देनेवाली घटनाएँ आए दिन सामने आती रहती हैं। हाल ही में ऐसी दो घटनाएँ हुईं, जिसने दलित और आदिवासी स्त्रियों की अस्मिता को सरेआम शर्मिन्दा किया है। हमेशा की तरह ही इन घटनाओं को अंजाम देनेवाले कानूनी दाँव-पेंच और सरकारी संरक्षण के चलते बच निकलने की तैयारी में है।

30 जून, 2009 मध्य प्रदेश के रोहडौल शहर में राज्य सरकार द्वारा आयोजित सामूहिक आदिवासी विवाह समारोह में शामिल कुछ आदिवासी स्त्रियों को निर्वस्त्र कर उनका कौमार्य परीक्षण किया गया। गरीबी की सीमा रेखा से नीचे जीवन बसर करनेवाले दलित और आदिवासी परिवारों की आर्थिक सहायता के नाम पर ऐसी कई योजनाएँ केन्द्र और राज्य सरकारों द्वारा देश के सभी राज्यों में चलाई जाती हैं लेकिन उनमें इतना ज़्यादा भ्रष्टाचार और शोषण है, जिससे इस वर्ग को फायदा पहुँचने के बजाय उनका नुकसान होता है। रोहडौल के कलेक्टर और बी.जे.पी. के सांसद ओ.पी. सिंघल ने इस परीक्षण को जायज ठहराते हुए इसे कौमार्य परीक्षण की बजाय गर्भ परीक्षण बताकर समारोह को बीच में इसलिए रोक दिया, क्योंकि कुछ आदिवासी महिलाएँ जो विवाह के लिए इस समारोह में शामिल होने आई थीं, वे गर्भवती निकलीं। लेकिन ऐसा करते समय वे यह भूल गए कि किसी भी स्त्री के कौमार्य परीक्षण करने का अधिकार किसी भी सरकारी या गैर सरकारी संगठन को नहीं है। यह गैर कानूनी

कृत्य है जिसके लिए आयोजकों को सजा भी मिल सकती थी, अगर यह मामला कोर्ट तक पहुँचा होता। प्रशासन का काम सिर्फ सरकारी योजनाओं को ईमानदारी से उन लोगों तक पहुँचाने का होता है, जिनके लिए वह बनाई गई हैं, जो सही अर्थ में उसकी जिम्मेदारी है। इस तरह की गैर जिम्मेदाराना हरकतों से न केवल सामाजिक न्याय के लिए बनी सरकारी योजनाओं को धक्का पहुँचता है बल्कि सरकार का पैसा भी बर्बाद होता है और वंचित वर्ग का विश्वास भी। सामाजिक न्याय के लिए बनी योजनाओं का ईमानदारी से क्रियान्वयन उन्हीं प्रगतिशील सरकारी अधिकारियों द्वारा सम्भव है जो विभिन्न राजनैतिक दलों की विचारधारा से अछूते रहकर काम कर पाने में सक्षम होते हैं।

इस सच्चाई को ध्यान में रखा जाना चाहिए कि आदिवासी भारत के मूल निवासी हैं। उनकी संस्कृति और धर्म की अवधारणा अन्य वर्गों से अलग है। स्त्रियों की स्वतन्त्रता, सम्मान और स्त्री-पुरुष सम्बन्धों पर सोच अलग है। विवाह से पहले अपने लिए वर का चुनाव या गर्भ धारण करना आदिवासी स्त्री का अधिकार मानकर उसका सम्मान किया जाता है। इस तरह की घटनाएँ न केवल आदिवासी स्त्री की स्वतन्त्रता को ध्वस्त करती हैं बल्कि जिन धारणाओं के साथ वह हजारों सालों से जीती आई हैं, उसे मिटाने की साजिश है। आदिवासी वर्गों का हिन्दू धर्म से कोई सम्बन्ध नहीं है। उनका इतिहास हिन्दू धर्म से भी हजारों साल पुराना है। जिसका प्रमाण न केवल भारत में बल्कि विश्व में कई जगहों पर चट्टानों और गुफाओं में मिली चित्रकारी से साबित होता है।

घटना का पता चलते ही राष्ट्रीय महिला आयोग ने अपनी फैक्ट फाइंडिंग टीम को तुरन्त घटनास्थल पर भेजा, उनकी रिपोर्ट में जो तथ्य सामने आए उसने मध्य प्रदेश सरकार के उस दावे को गलत साबित कर दिया, जिसमें कौमार्य परीक्षण को गर्भ परीक्षण बताया गया था। रिपोर्ट सामने आने के बाद उस पर क्या कार्यवाही की जाएगी यह तो आनेवाला वक्त ही बताएगा, चूँकि मध्य प्रदेश में बी.जे.पी. की सरकार है और इस घटना से खुद को दलितों और आदिवासियों का सच्चा और एकमात्र हमदर्द और बी.जे.पी. को उनका दुश्मन साबित करने का कोई मौका कांग्रेस अपने हाथों से कैसे जाने दे सकती है, इसलिए आयोग इस मुद्दे पर कुछ ज़्यादा ही मुस्तैदी से काम कर रहा है। यह वही राष्ट्रीय महिला आयोग है, जिसने मायावती के मुद्दे पर चुप्पी साध रखी है, क्योंकि उनकी ही पार्टी की उत्तर प्रदेश की अध्यक्ष रीता बहुगुणा जोशी इसमें

शामिल हैं। वे अब तो जेल से बाहर हैं। उन पर एट्रीसिटी एक्ट के तहत एक दलित स्त्री मायावती जो उत्तर प्रदेश की मुख्यमन्त्री हैं, उनका विनय भंग किए जाने पर मुरादाबाद की अदालत में गैर जमानती अर्जी दाखिल की गई, लेकिन उन्हें आसानी से जमानत मिल गई। बहुत सालों बाद मुरादाबाद की कचहरी में बेहद सुचारू रूप से कामकाज किया गया। रीता बहुगुणा को गिरफ्तार किए जाने के विरोध में कुछ दिनों तक दंगा करने के बाद छोटे-बड़े कांग्रेसी नेता और उनके परिजन चुप बैठ गए हैं। रीता बहुगुणा जोशी ने जोश में आकर जो बेहुदा बयान मुरादाबाद की जनसभा में दिया, उस पर वहाँ उपस्थित भीड़ ने खुशी से उत्तेजित हो जमकर तालियाँ बजाईं। कुछ देर बाद सभी समाचार चैनल द्वारा इस घटना को लगातार दिखाया जाने लगा जो कई दिनों तक चला, जिसने देश भर के दलितों और स्वयं मायावती के इस भ्रम को तोड़ दिया कि अब हालात बदल गए हैं। यह सच है कि कांग्रेस नहीं चाहती कि मायावती को इस मुद्दे से कोई राजनैतिक लाभ मिले, यह उसकी मजबूरी है। दलित वोट बैंक को बहलाना उसके लिए अपेक्षाकृत आसान काम है जो वह करते रहे हैं।

कांग्रेस हाईकमान की इस पूरे मसले पर चुप्पी, कई बड़े नेताओं का रीता बहुगुणा की गिरफ्तारी का विरोध, कई अर्थों में उनका समर्थन और कांग्रेस के राजकुमार राहुल गाँधी का रीता बहुगुणा के समर्थन में बयान, जिसमें कहा गया कि उनकी भाषा गलत थी पर भाव सही था। उत्तर प्रदेश के हालात इसके लिए जिम्मेदार हैं। नेहरू-गाँधी परिवार की दूसरी महत्त्वपूर्ण सदस्य और बी.जे.पी. की सांसद मेनका गाँधी ने भी एक समाचार चैनल में दिए गए इंटरव्यू में यह बयान दिया, ''रीता बहुगुणा ने ऐसा क्या कहा कि उन्हें जेल भेजा गया। हम वह क्यों नहीं कह सकते जो हम कहना चाहते हैं, क्या उन लोगों ने यह नहीं कहा, तिलक तराजू और तलवार...।'' मेनका गाँधी का दलित विरोध जगजाहिर है उन्हें एक दलित महिला के बलात्कार पर टिप्पणी और जातिवादी धार्मिक परम्परा के विरोध के दिए जानेवाले नारों में फर्क अब तक तो समझ में आ जाना चाहिए जब उनका बेटा वरुण गाँधी अल्पसंख्यक विरोधी बयानों के चलते पहले से ही मुसीबत में है।

कांग्रेस को छोड़कर जानेवाले सरदार बूटा सिंह जो इस वक्त राष्ट्रीय दलित एवं आदिवासी आयोग के अध्यक्ष हैं, उनकी भूमिका इस मुद्दे पर आयोग के अध्यक्ष की कम और कांग्रेस के सेवाभावी भक्त की ज़्यादा रही है। वे इस मुश्किल घड़ी में कांग्रेस के हनुमान बन गए हैं। वे भूल गए कि , मुख्यमन्त्री होने के बावजूद मायावती भी एक दलित महिला हैं। ऐसे हालात में उनकी जिम्मेदारी

मायावती की तरफ होनी चाहिए थी, न कि सरकार की तरफ, जिसे वे चुन-चुन कर ऐसे मुद्दे दे रहे हैं जो मायावती के विरोध में जाए और इस मामले को कमजोर करें। उन्होंने मायावती पर कई गम्भीर आरोप लगाए जिनकी इस वक्त कोई ज़रूरत नहीं थी। जिनमें उत्तर प्रदेश में दलितों पर सबसे ज़्यादा अत्याचारों का होना भी एक है। इस आरोप का जवाब तो सरदार साहब को भी देना चाहिए क्योंकि वे उस आयोग के अध्यक्ष हैं जिस पर पूरे देश के दलितों के सम्मान और जीवन की रक्षा की जिम्मेदारी है। उन्हें यह बताना चाहिए कि उन्होंने आज तक दलितों के लिए क्या किया? आज जब वे आयोग के अध्यक्ष है और तब भी जब वे कांग्रेस राज में कई महत्त्वपूर्ण विभागों के मन्त्री रहे। सरदार साहब यह भूल रहे हैं कि उन्हें आयोग की अध्यक्षता सिर्फ चुप रहने के लिए ही दी गई है, पिछ सभी अध्यक्षों की तरह। अपने आप को इन्दिरा गाँधी का नौकर बतानेवाले व्यक्ति से भला देश की दलित जनता क्या उम्मीद कर सकती है। सरकारी चन्दे पर मौज उड़ानेवाले निष्क्रिय चापलूस दलित नेताओं को ऐसे महत्त्वपूर्ण आयोग और अन्य कई संस्थानों का अध्यक्ष या सदस्य बताना कांग्रेस का दलितों के प्रति उनकी जिम्मेदारी और नीयत साबित करता है।

रीता बहुगुणा का बयान उस ब्राह्मणवादी मानसिकता का प्रतिनिधित्व करता है जो सदियों से दलितों, आदिवासियों, पिछड़े वर्ग और उनकी स्त्रियों को शिक्षा समेत सभी मानव अधिकारों से वंचित कर गुलामी में जीने के लिए बाध्य करता है। जो जाति के आधार पर ही योग्यता निर्धारित करता है, जो दलित और आदिवासी स्त्रियों का शारीरिक शोषण कर उन्हें सार्वजनिक रूप से अपमानित करना अपना जन्म सिद्ध अधिकार समझता है। उनकी दृष्टि में दलित और आदिवासी स्त्रियों की अस्मिता का कोई मूल्य नहीं, उसका सिर्फ राजनैतिक महत्त्व है। रीता बहुगुणा ने मायावती के लिए जिस अभद्र भाषा का प्रयोग किया क्या अपने या अपने जैसी किसी अन्य सवर्ण स्त्री के लिए वे ऐसा कह पातीं। उनकी इतनी हिम्मत सिर्फ इसीलिए हुई कि मुख्यमन्त्री होने के बावजूद भी मायावती दलित स्त्री हैं। हालाँकि, भारतीय धार्मिक मान्यताओं के अनुसार सामाजिक व्यवस्था में प्रत्येक स्त्री का दर्जा शूद्र का ही है।

मायावती की कार्यशैली का समर्थन समूचे दलित समाज ने कभी नहीं किया, जिसका ताजा उदाहरण हाल के चुनाव परिणाम हैं। 2007 में एक मुसलमान स्त्री के बलात्कार के मुआवजे के सन्दर्भ में उन्होंने भी इसी तरह का अभद्र

बयान मुलायम सिंह यादव के सन्दर्भ में दिया था जिसकी प्रशंसा या समर्थन किसी भी दलित या दलित स्त्री ने नहीं किया। लेकिन सदियों से बलात्कार, हत्या और हिंसा को सहती आई दलित स्त्री के लिए आज मायावती उसकी अस्मिता की पहचान बन गई है। उसका अपमान उन्हें अपना अपमान लगता है। रीता बहुगुणा के इस बयान ने उन्हें आहत किया है। अस्पृश्यता और स्त्री के दोहरे अभिशाप को झेलती दलित और आदिवासी स्त्री को रीता बहुगुणा को मिली जमानत से निराशा हुई है। सदियों से यातनाएँ सहती एक दलित स्त्री पहली बार ऐसे राज्य की मुख्यमन्त्री बनी जो जातीय और हिंसा के लिए देश में पहले स्थान पर है। जो दबंग है जवाब देना जानती है। जब उसे भी कानूनी दाँव-पेंच से हार माननी पड़ी तब सड़क पर पत्थर तोड़ती, सड़क साफ करती, जंगल से लकड़ी इकट्ठा करती और मीलों चलकर पानी लाती दलित स्त्री को लगने लगा है कि अब उसका संघर्ष अभी लम्बा चलनेवाला है।

मानसे की जात सबै एकै पहिचानिबो

समाज में अगर विषमता होगी, अन्याय होगा, बस्तियाँ अलग होंगी तब मन्दिर, मस्जिद, गुरुद्वारा और चर्च कैसे एक हो सकते हैं। अपना भगवान, अपना धर्म, अपना समाज और अपनी राजनैतिक सत्ता, यह सब इक्कीसवीं सदी की दलित दुनिया का चिन्तन है, जिसे दबाने से कहीं बेहतर उसे समझना होगा, अन्यथा परिणाम 'वियना की घटना' और उसके बाद भारत में फैली हिंसा जैसे ही होते रहेंगे।

हिन्दू धर्म के बाद भारत में बौद्ध, जैन और सिक्ख धर्म जैसे सभी धर्म सामाजिक विषमता विशेषकर जाति के विरोध में ही अस्तित्व में आए। अन्याय के विरुद्ध एक समतामूलक समाज स्थापित करना सभी सिक्ख गुरुओं की प्राथमिकता रही, दस गुरुओं की लम्बी परम्परा और अन्ततः दसवें गुरु गोविन्द सिंह द्वारा गुरु ग्रन्थ साहिब को ग्यारहवें गुरु के रूप में गद्दीनशीन कर गुरु परम्परा का अन्त कर, सिक्ख धर्म की परम्परा को भ्रष्ट होने से बचाने के साथ-साथ समूची सिक्ख संगत को सच्चा और न्यायप्रिय बनाना भी था, जिसे दीन-हीन के लिए अपनी जान की बाजी तक लगा देनी चाहिए। *शूरा सो पहचानिए जो लड़ैदीन के हेत...* ऐसा आदेश उन्होंने स्वयं *गुरु ग्रन्थ साहिब* में दिया। 1604 में पाँचवें गुरु श्री अर्जुनदेव ने आदि ग्रन्थ के रूप में सिक्ख धर्म के पहले ग्रन्थ का मसौदा तैयार किया, जिसमें सिक्ख गुरुओं के अलावा कई दलित पिछड़ी जातियों के सूत्रों और मुसलमान सूफी वाणियों को शामिल किया। सन्त कबीर के 292, सन्त रविदास की 41 और सन्त नामदेव के 61 शब्द गुरु ग्रन्थ साहिब में आज मौजूद हैं। जिसके आगे सभी सिक्खों को अपना माथा टेकना ज़रूरी है। सब सिक्खन को हुकुम है गुरु मानियों ग्रन्थ समता की ऐसी सुन्दर मिसाल किसी भी

अन्य धर्मग्रन्थ में मिलनी मुश्किल है, लेकिन कागज पर लिखे धर्म से ज़मीनी सच्चाइयों का कोई सरोकार नहीं होता। सिक्ख धर्म में जाति नहीं है, बल्कि जाति और कर्मकांड का विरोध कई स्थानों पर और कई बानियों में हुआ है।

"सारे धर्म ग्रन्थ पढ़े पर मन और दिमाग को जो शान्ति सिक्खों के गुरु ग्रन्थ साहिब को पढ़कर मिली, वो किसी अन्य ग्रन्थ से नहीं मिली।" पर्लबक

बौद्ध धर्म के बाद सिक्ख धर्म भारत में दूसरा ऐसा सम्प्रदाय है जिसमें ब्राह्मणवाद पर जबरदस्त प्रहार किया गया है।

कर्मकांड के विरोध में कई स्थानों पर, कई बानियों में जोरदार शब्दों में लिखा गया है।

मानसे की जात सबै एकै पहचानबों, एक ही स्वरूप सबै एकै जोत जानबो।

लेकिन हिन्दू धर्म की तरह ही सिक्ख समाज में भी पूरी सामाजिक, आर्थिक और धार्मिक विषमताओं के साथ जाति आज भी मौजूद है। 1920 में शिरोमणि *गुरुद्वारा प्रबन्धक कमेटी* अस्तित्व में आई, जिसके अधिकतर सदस्य जट्ट सिक्ख थे। दलितों को उसमें शामिल नहीं किया गया। कमेटी ने देशभर में फैले सभी गुरुद्वारों को अपने प्रभाव में ले लिया और नई आचार संहिता बना दी, यह टकराव तभी से शुरू हुए। सामाजिक और आर्थिक रूप से पिछड़े पंजाब के दलित समुदाय को और भी अपमान सहना पड़ा जब उनकी धार्मिक और सांस्कृतिक पहचान अपना अस्तित्व खोने लगी। उसके बाद से ही जगह-जगह रविदासी, रामगढ़ी, रामदासी, निरंकारी, सचखंड बालन और हाल में विवादित डेरा सच्चा सौदा जैसे कई डेरे और धार्मिक स्थल बनने लगे, जिनकी संख्या आज बढ़कर 100 के करीब हो गई है, जिनके बड़ी संख्या में दलित अनुयायी हैं, लेकिन डेरा प्रमुख अधिकतर सवर्ण सिक्ख ही हैं। मुख्य गुरुद्वारों के प्रबन्धन के साथ-साथ जमीनों और सत्ता पर भी जट सिक्खों का ही कब्जा है, जिन्होंने दलित सिक्खों को धर्म परिवर्तन के बाद भी वह सम्मान और अधिकार नहीं दिए, जिसके वह अधिकारी थे जो दलित जाति के सन्ताप से दुःखी हो हिन्दू धर्म त्याग कर जातिविहीन सामाजिक संरचना के लिए प्रतिबद्ध सिक्ख धर्म में शामिल हुए थे, उन्हें लगातार प्रताड़ित किया गया जो समय-समय पर हिंसा का रूप लेता रहा है।

सन्त रविदास और अन्य दलित सन्तों की *गुरु ग्रन्थ साहिब* में संकलित बानी को सम्मान देनेवाले सन्त रविदास के अलग बने डेरों को सहन नहीं कर पाते,

क्योंकि वह दलित सिक्खों की पहचान और उनके आत्मसम्मान की ही नहीं, उनके विरोध की भी पहचान है। गुरुद्वारों के समानान्तर चलनेवाली इस धार्मिक डेरों की परम्परा ने जट सिक्खों को क्रोधित किया है। वियना और उसके बाद पंजाब में घटी हिंसा इसी का परिणाम है, जो वर्षों के दमन के बाद अपना विरोध साबित करती है। हालाँकि हिंसा का कभी भी समर्थन नहीं किया जा सकता, चाहे इसकी शुरुआत किसी भी वर्ग द्वारा की जाए, लेकिन दर्द को दबाना जमीन के भीतर छिपे उस ज्वालामुखी को दबाने जैसा है, जो जब भी फूटेगा भारी तबाही मचाएगा।

यह सच है कि गुरुद्वारों में लंगर में सभी जाति के लोग बैठकर प्रसाद छकते हैं लेकिन सिर्फ साथ खाने से समता साबित नहीं की जा सकती जब तक रोटी के साथ बेटी और आर्थिक बराबरी न जोड़ी जाए, समता का कोई अर्थ नहीं रहता। सामाजिक न्याय के साथ आर्थिक न्याय भी ज़रूरी है।

पंजाब देश का एकमात्र ऐसा राज्य है जहाँ दलित जनसंख्या देश के अन्य सभी राज्यों की अपेक्षा सबसे ज़्यादा है जो लगभग 32 प्रतिशत है। इतनी बड़ी जनसंख्या को सिर्फ वोट बैंक के रूप में ही इस्तेमाल किया जाता रहा है, जिसके प्रति किसी भी सरकार की कभी कोई प्रतिबद्धता नहीं रही।

सवर्ण और जट्ट सिक्खों को यह नहीं भूलना चाहिए कि वे उस *गुरु ग्रन्थ साहिब* की धर्म और जाति को नकारनेवाली बेशकीमती परम्परा को न केवल घटा रहे हैं, बल्कि उसके विरोध में काम भी कर रहे हैं जहाँ बुलन्द शब्दों में यह लिखा है—*एक नूर ते सब जब उपजयो कौन भले को मन्दे।*

पूरी तरह से इन्साफ पर आधारित इनसानियत की ऐसी परिभाषा इतनी विस्तृत है जिसमें सिर्फ इनसान के सभी लिंग ही नहीं इस पृथ्वी पर आए सभी जीव जन्तु भी शामिल हैं जाहिर है सभी को समान न्याय और प्यार मिलना चाहिए।

सपने और परछाइयाँ

विद्या बिना मति गयी
मति बिना नीति गयी
नीति बिना गति गयी
गति बिना वित्त गया
वित्त बिना शूद्र गये
इतने अनर्थ, एक अविद्या ने किये।

जोतिबा फुले

दलित युवाओं की चाहतों की कब्र

दलित छात्र रोहित वेमुला की आत्महत्या के साथ एक बार फिर करोड़ों दलित युवाओं की चाहतें दफ़ना दी गईं। रोहित अगर जिन्दा रहता तो एक संवेदनशील लेखक बनता। कॉल सेगौन के अन्तरिक्ष की खोज करता। वहाँ बसनेवाली मानवता से दोस्ती करता उनका दर्द समझता, बाँटता और पृथ्वी पर जिन्दा इन्सानियत और अपनी श्रमजीवी संस्कृति से उनका परिचय करवाता, जो इस जमीन पर रहते हुए नहीं कर सका। इस दुनिया से बड़ी थी उसकी प्यार करने की ताकत, जिसमें पूरा अन्तरिक्ष समाया था। रोहित की ही तरह हर दलित युवा का आकाश बहुत बड़ा है, भले ही उसके हिस्से की जमीन किसी और के कब्जे में हो। मुझे भी अन्तरिक्ष ने बरसों लुभाया, जब मैं स्कूल में पढ़ती थी। सालों बाद अन्तरिक्ष पर अमेरिकी लेखक निर्देशक जीन रोडेनबरी द्वारा बनाए गए सीरियल मैं और मेरे सभी भाई मिलकर बड़े ध्यान से देखते थे। उस समय ये सीरियल इतवार के दिन शायद सुबह नौ बजे प्रसारित होता था। उस समय हमारे घर में सब कुछ रुक जाता, जो उस एपीसोड के खत्म होने के बाद ही शुरू होता। मैं इस सीरियल के लिए इतवार का इन्तज़ार पूरे हफ़्ते करती। इस सीरियल का उस वक्त मुझ पर काफी प्रभाव पड़ा। शायद मुझे भी किसी दूसरी दुनिया की तलाश थी, जो हर तरह के भेद-भाव से दूर हो जहाँ मेरी चाहतें आकार ले सकें।

दलित परिवार में जन्मी लड़की होने के अनुभव मुझे भी बेइन्तहा दर्द दे रहे थे। अक्सर उभरती रहती हताशा के इस दौर में मेरी खुशियाँ मुझे अन्तरिक्ष की उस दुनिया में मिलती जो मेरी दुनिया और सभ्यता से बिलकुल अलग थी। मेरी तरह आज देशभर का दलित युवा शायद ऐसा ही चाहता है। पाँच हजार वर्षों के संघर्ष के बाद भी शिक्षा, सम्मान और मानवाधिकार हासिल न कर पाने के बाद सबसे

आसान है दलित सपनों का टूट जाना। जाति और गरीबी की परछाईं पीछा कहाँ छोड़ती है। इसीलिए रोहित की आत्महत्या ने पूरे देश को हिला दिया। सिर्फ एक मुस्कराती जिन्दगी ही खत्म नहीं हुई। यह देशभर के युवाओं के सपने हैं जो टूटे हैं। जिसकी जिम्मेदार देश की जातिवादी और आर्थिक व्यवस्था है। जो परछाई की तरह पीछा करती है और वक्त से पहले ही दबोच लेती है, जिसमें गरीब, मेहनतकश दलितों की उम्मीद उनका भविष्य जिन्दा हो उसका मर जाना उस समाज के लिए कितना बड़ा आघात है जो आज तक संघर्ष कर रहा है। आज दलित आदिवासी, बहुजन और स्त्रियों के आन्दोलन का दायरा बढ़ रहा है वे साथ आ रहे हैं। जाति, धर्म और वर्ग की विषमता पर बन रही समझ और सोच पर हर जगह विमर्श हो रहा है। भारतीय समाज में होनेवाले हर अन्याय के विरोध पर सहमति बन रही है। रणनीति पर बात हो रही है चाहे वह जे.एन.यू. हो या दूरदराज का कोई अन्य विश्वविद्यालय जो हर उस जगह हलचल पैदा कर रही है जो यथास्थिति बनाए रखना चाहती है, जिसके आर्थिक उद्‌देश्य इस व्यवस्था से करीब से जुड़े हुए हैं। जो हर कीमत इस परिवर्तन के लिए किए जानेवाले संघर्ष का विरोध करेंगे, जिस वर्ग ने आज तक संविधान को नहीं स्वीकारा वे इस बदलाव को दबाने के लिए क्या कुछ नहीं कर सकते।

जे.एन.यू. के छात्र कन्हैया कुमार की गिरफ्तारी—"पूँजीवाद से लेकर रहेंगे आज़ादी, ब्राह्मणवाद से लेकर रहेंगे आज़ादी, मनुवाद से लेकर रहेंगे आज़ादी" जैसे नारे लगाने पर हुई। शेष पर विवाद है। किसने कहे? क्यों कहे? और क्या कहे? साबित होना बाकी है। कन्हैया के नारे दक्षिणपन्थी विचारधारा के अस्तित्व पर बड़ा आघात है इसीलिए राष्ट्रद्रोह है और उनकी राष्ट्रभक्ति हर उस आवाज को दबाना है जो धर्मनिरपेक्ष, समतावादी, पूँजीवाद विरोधी और लोकतान्त्रिक मूल्यों पर आधारित है। इस आवाज को वे हर जगह मार देंगे गलियों में स्कूल, कॉलेज, विश्वविद्यालय में यहाँ तक कि घर-घर में घुसकर मार देंगे। उनकी सांस्कृतिक राष्ट्रवाद की अवधारणा दिल दहलानेवाली है। खासकर भारत जैसे देश में जहाँ बहुसंस्कृतिवाद उसकी जड़ों में बसा हुआ है जिसे रौंद भले ही दिया जाए, उखाड़ा नहीं जा सकता। यह संघर्ष संस्कृतियों के टकराव का है जो *मनुस्मृति* और *संविधान* के बीच है। ब्राह्मणवाद और दलित अधिकार का है तभी जगह-जगह संघर्ष हो रहा है। कभी तमिलनाडु में *पेरियार-अम्बेडकर स्टडी सर्किल* में तो कभी *अम्बेडकर स्टूडेंट्स एसोसिएशन हैदराबाद* में तो कबीर कला मंच मुम्बई में और अब दिल्ली में जे.एन.यू. के वामपन्थी छात्रसंघ के साथ।

भारत का दलित आदिवासी, बहुजन और स्त्री वर्ग अपने अधिकारों के लिए अब आरक्षण की नहीं, हिस्सेदारी की लड़ाई लड़ने जा रहा है जहाँ रोहित वेमुला और कन्हैया कुमार, दोनों की सोच एक है उनकी जाति अलग-अलग होने के बावजूद भी। आज का युवा जातिवाद और पूँजीवाद से देश को होनेवाले नुकसान को अपने से पिछली पीढ़ियों से बेहतर समझ रहा है। यह भारत के लिए बदलाव का वक्त है। व्यवस्था को न चाहते हुए भी जिसे पूरे देश द्वारा बिना समझे ही नकारने की बजाय सोच-समझकर स्वीकारा जाना चाहिए। यह फुले, पेरियार और डॉ. अम्बेडकर की ही विरासत है, जिसे यह युवा आगे ले जा रहे हैं।

धर्म, राष्ट्रवाद और राजनीति खतरनाक गठजोड़ की नई परम्परा

1914-15 के शहीदों ने धर्म को राजनीति से अलग कर दिया था। वे समझते थे कि धर्म व्यक्ति का व्यक्तिगत मामला है इसमें दूसरे का दखल न हो। न ही इसे राजनीति में घुसाना चाहिए क्योंकि यह सबको मिलकर एक जगह काम नहीं करने देता। इसीलिए गदर पार्टी जैसे आन्दोलन एकजुट व एकजान रहे, जिसमें सिक्ख बढ़-चढ़कर फाँसियों पर चढ़े और हिन्दू-मुसलमान भी पीछे नहीं रहे। यदि धर्म को अलग कर दिया जाए तो राजनीति पर हम सभी इकट्ठे हो सकते हैं। धर्मों में हम चाहे अलग-अलग ही रहें।

हमारा खयाल है कि भारत के सच्चे हमदर्द हमारे बताए इलाज पर ज़रूर विचार करेंगे और भारत का इस समय जो आत्मघात हो रहा है उसे हम बचा लेंगे।

—शहीद भगत सिंह का राष्ट्रवाद

रोहित वेमुला की आत्महत्या पर चल रहे युद्ध में अचानक जे.एन.यू. में पिछले कुछ वर्षों से मनाई जानेवाली महिषासुर जयन्ती और दुर्गा पर संसद में बवाल मच गया। केन्द्रीय मानव संसाधन मन्त्री स्मृति ईरानी ने लगभग वही काम किया जो 26 साल पहले उस समय प्रधानमन्त्री वी.पी. सिंह द्वारा संसद में मंडल कमीशन की रिपोर्ट को लागू किए जानेवाले बिल को संसद में बहस के लिए रखे जाने के बाद बी.जे.पी. के वरिष्ठ नेता लालकृष्ण आडवानी ने किया था। उस वक्त बी.जे.पी. मुसीबत में आ गई थी। बिल का समर्थन आर.एस.एस. की विचारधारा के विरुद्ध था और विरोध जनमत के। उस वक्त लालकृष्ण आडवानी ने रथयात्रा निकालकर देश भर में ध्रुवीकरण का जो माहौल तैयार किया, उसकी परिणति बाबरी मस्जिद को गिराने और उसके बाद हुए भयानक हिन्दू-मुस्लिम

दंगों से हुई। फिर क्या इतिहास दोहराने जा रहा है, आज राजनैतिक माहौल ऐसे संकेत दे रहे हैं। चुनाव जीतने का सबसे आसान तरीका दंगों से बनाए गए ध्रुवीकरण का है, जिसका शिकार हमेशा गरीब दलित मुसलमान और सिक्ख जैसे कमजोर वर्ग बनते रहे हैं जिनका जनसंहार भी राजनैतिक दलों की जीत का कारण है। यह दुनिया के सबसे बड़े लोकतन्त्र का सच है।

महाबली विष्णु, महिषासुर दुर्गा और राम-रावण के बीच हुए संघर्ष सांस्कृतिक संघर्ष है। *रामायण* में वर्णित राम-रावण संघर्ष आर्य-अनार्य के बीच हुआ सांस्कृतिक संघर्ष है। राम और रावण दोनों ही सवर्ण हिन्दू थे। राम क्षत्रिय और रावण ब्राह्मण थे। धर्म को लेकर उनमें कोई विवाद नहीं था। यह लड़ाई नस्ल की थी। पुराणों में सुर-असुर, देवता-राक्षस, आर्य-अनार्य और द्रविड़ वर्गों की नस्लों के रूप में पहचान की गई है। राम आर्य हैं श्रेष्ठ हैं और रावण अनार्य है इसलिए श्रेष्ठ नहीं है। यही मान्यता आज तक संघर्ष का कारण बनी हुई है। यहाँ तक कि हनुमान, बालि, सुग्रीव जैसे रामायण के कई पात्रों को वनवासी बनाने की भी असफल कोशिशें होती रही हैं, जबकि दुनिया भर में आदिवासी समुदाय किसी भी धर्म का हिस्सा नहीं रहा है। उनका अपना धर्म है अपनी संस्कृति है जो कहीं-कहीं 35-40 हजार साल या उससे अधिक पुरानी मानी गई है जब कोई भी धर्म अस्तित्व में नहीं आया था।

दुनिया के सभी धर्म केवल आस्था पर टिके हुए हैं। आज तक किसी भी धर्म का वैज्ञानिक आधार साबित नहीं हो पाया लेकिन संस्कृति का इतिहास और उसकी प्रामाणिकता दुनिया भर में पाषाण युग की जगह-जगह मिली चित्रकारियों में दिखाई देती है। यह ब्राह्मणवादी आस्था है जो हिन्दू धर्म को करोड़ों साल पुराना बताती है जबकि यह विज्ञान द्वारा साबित किया जा चुका है कि उस समय पृथ्वी पर मानव जाति का कहीं कोई प्रमाण नहीं मिलता, बल्कि उस वक्त तो डायनासोर जैसे जीव यहाँ रहा करते थे।

पुराण इतिहास नहीं हो सकते यह प्रमाणित किए जाने के बाद भी कुछ वर्गों द्वारा यह सच स्वीकार नहीं किया गया। धार्मिक भावनाएँ या आस्था वैज्ञानिक

सोच पर आधारित नहीं होतीं इस कमजोर पक्ष को केवल दैवीय शाप का डर या दंगों से ही जिन्दा रखा जा सकता है, जिससे कुछ ताकतवर लोगों के आर्थिक उद्देश्य जुड़े हों उनसे लड़ना कठिन होता है। जितना पैसा धार्मिक संस्थानों के पास है उतना तो सरकार के पास भी नहीं है इस पैसे से भारतीय नागरिक वर्ग को आज तक कितना फायदा पहुँचा है इस पर भी गम्भीर चर्चा की ज़रूरत है आखिर यह उन्हीं का पैसा है।

इक्कीसवीं सदी में आधुनिक दुनिया में कई जगहों पर उभरते नए धार्मिक आतंकवाद से धर्म, राष्ट्रवाद और संस्कृति के मायने बदल रहे हैं। इस संघर्ष में स्त्री और वंचित वर्ग भयानक हिंसा का शिकार बन रहे हैं। भारत में उसके विरोध की आवाज चाहे वह रोहित वेमुला, कन्हैया की हो या उसके साथियों की, उसी भगतद सिंह की आवाज है, उसका राष्ट्रवाद है जिससे डरकर 23 साल के युवा को अंग्रेजों ने फाँसी पर चढ़ा दिया था और आज इसी आवाज से डरकर सरकार उन पर राष्ट्रद्रोह साबित करने की तैयारी कर रही है।

दलित स्त्री का सबसे दमित रूप है देवदासी प्रथा

विश्व का सबसे शोषित वर्ग उन दलित स्त्रियों का है जो जीने के लिए अपनी देह पर निर्भर हैं। सदियों पुरानी देवदासी प्रथा आज तक न केवल जिन्दा है बल्कि एक ऐसी समस्या में तब्दील हो चुकी है जिसको खत्म करने के लिए सर्वोच्च न्यायालय को भी संघर्ष करना पड़ रहा है। किसी भी सभ्य समाज में जब धर्म और आस्था सवाल बनकर खड़े हों तब वहाँ युद्ध करने पर भी इन्सानियत और सच्चाई की हार होती है। दुनिया के किसी भी धर्म और जाति का कोई वैज्ञानिक आधार नहीं है फिर भी हजारों सालों से इसका जिन्दा रहना केवल कुछ ताकतवर वर्गों के आर्थिक उद्देश्यों की पूर्ति का सबूत है। आस्था उसका जरिया मात्र है। इक्कीसवीं सदी के कुछ गिने-चुने शक्तिशाली न्यूक्लियर देशों में शामिल भारत में कुछ लोगों की आस्था वृहत्तर नागरिक समाज को हर तरह के अन्याय और हिंसा का शिकार बना रही है। यह आश्चर्य की बात है कि मुट्ठी भर ब्राह्मणवादी सोच पूरे देश के सोच पर हावी है जिसका विरोध और बदलाव का संघर्ष आज देशद्रोह साबित किया जा रहा है।

देवदासी प्रथा दक्षिण भारत के पाँचों राज्य महाराष्ट्र, कर्नाटक, तमिलनाडु, तेलंगाना और आन्ध्र प्रदेश में आज भी दलित स्त्रियों के एक बड़े वर्ग की सच्चाई है। कर्नाटक राज्य के एक गाँव सौदती में रेणुका यलम्मा देवस्थान है जो एक ट्रस्ट द्वारा संचालित किया जाता है। देश भर में यलम्मा का यह इकलौता मन्दिर है जहाँ फरवरी में माघी पूर्णिमा के दिन छोटी-छोटी दलित बच्चियों को महावारी से पहले देवदासी बना दिया जाता है। माँ-बाप से बिछड़ी इन मासूम बच्चियों का विवाह देवी से कराकर यौन हिंसा के लिए मन्दिर में छोड़ दिया जाता है। यहाँ से कुछ सालों बाद वे महानगरों के कोठों पर बेच दी जाती हैं और बुढ़ापा उन्हीं महानगरों के फुटपाथ पर भीख मांगते गुजारती हैं।

देवदासी प्रथा के खिलाफ संघर्ष का इतिहास काफी पुराना है। इस प्रथा के खिलाफ भारत में सबसे पहला आन्दोलन 1892 में हुआ। 1930 में डॉ. मुथ्थुलक्ष्मी रेड्डी और 1939 में श्रीमती अमना राजा ने ब्रिटिश सरकार की प्रवर समिति से इस प्रथा के विरोध में एक विधेयक पारित कराने में सफलता पाई और वे कुछ सुधार लाने में सफल भी हुईं। 1934 में पहला 'बम्बई देवदासी निर्मूलन अधिनियम' लागू किया गया। लेकिन उस वक्त दूसरा विश्वयुद्ध चल रहा था। इसी के चलते ब्रिटिश सरकार ने इस ओर कुछ विशेष ध्यान नहीं दिया और यह समस्या जस-की-तस बनी रही।

डॉ. अम्बेडकर ने देवदासी प्रथा के साथ ही तमाम ऐसी प्रथाएँ जो दलित स्त्रियों के सम्मान को ठेस पहुँचाती हों उनके खिलाफ दलित स्त्रियों को ही संघर्ष करने के लिए प्रेरित किया। इसके लिए उन्होंने अपने सभी संघर्षों में दलित स्त्रियों को शामिल किया। अपनी जाति के कारण हालात से समझौता करने के बजाय उससे संघर्ष करने के लिए प्रेरित किया। इसी वजह से दलित स्त्रियों में जागरूकता आई और वे शिक्षा की ओर बढ़ीं। उन्होंने 1925 में निपानी में और 1929 में बम्बई में कई देवदासियों का सामूहिक विवाह करवाया।

आज़ादी के बाद समय-समय पर देवदासी प्रथा को रोकने के लिए कई बिल बनाए गए। 1982 में 'प्रोहिबिटेशन आफ डेडिकेशन एक्ट' लागू किया गया लेकिन इसका कोई विशेष फायदा नहीं हुआ। अगले ही साल लगभग 3000 दलित बच्चियों को अकेले महाराष्ट्र और कर्नाटक में देवदासी बनाया गया। उसके बाद से आज तक हर फरवरी पूर्णिमा के दिन दलित बच्चियाँ देवदासी बनाई जा रही हैं।

राष्ट्रीय महिला आयोग ने कुछ वर्ष पहले अपनी एक रिपोर्ट में महाराष्ट्र और कर्नाटक में 2,50,000 देवदासियों के होने की पुष्टि की है। कर्नाटक सरकार ने 2007 में 22943 देवदासियों की जानकारी दी। लेकिन उसी साल स्थानीय प्रजावाणी अखबार में यह आँकड़ा 39000 का बताया गया। संयुक्त आन्ध्र प्रदेश सरकार ने जिस जस्टिस रघुनाथ राव कमेटी को राज्य में देवदासियों की स्थिति की जानकारी के लिए नियुक्त किया था उस कमेटी ने अपनी रिपोर्ट में कहा कि राज्य में 80,000 से ज़्यादा देवदासियों के होने का प्रमाण मिला है।

पाँचों राज्यों में देवदासियों के सम्मान, पुनर्वसन और मानवाधिकार के लिए समय-समय पर कई आन्दोलन छेड़े गए। अनेक गैर सरकारी संगठनों ने सरकार पर दबाव बनाया जिसके कारण कर्नाटक सरकार ने अपने राज्य में 500 रुपये महीने का भत्ता प्रत्येक देवदासी को देने की शुरुआत की। लेकिन इस छोटे से

भत्ते से उनकी और उनके बच्चों की जीविका नहीं चल सकती थी। आज भी देवदासी समुदाय अपनी जायज मांगों को लेकर संघर्ष कर रहा है जिसमें इस भत्ते को बढ़ाकर 1000 रुपये महीना किया जाना, घर के लिए जमीन, बच्चों की सरकारी स्कूलों में पढ़ाई और सरकारी नौकरियों में दो प्रतिशत आरक्षण का प्रावधान और बेटी की शादी पर 50 हजार रुपये का अनुदान शामिल है। हालाँकि अभी तक कोई मांग स्वीकार नहीं की गई है।

देवदासी प्रथा जड़ से समाप्त हो और उनका सम्मानपूर्वक पुनर्वसन हो सके इसकी कोई ठोस नीति या इच्छाशक्ति किसी राज्य सरकार के पास नहीं है। ऐसा प्रतीत होता है कि इस प्रथा को खत्म करना किसी के भी बस की बात नहीं है। इस प्रथा की जड़ें जमीन के अन्दर गहराई तक जमी हुई हैं। मन्दिर में काफी चढ़ावा चढ़ाया जाता है। यलम्मा को पावन देवी माना जाता है। लोगों में ऐसा भ्रम है कि उसकी पूजा करने से सभी मुरादें पूरी होती हैं।

मन्दिर के चढ़ावे में मन्दिर के पुजारी, इलाके के ताकतवर लोग और स्थानीय पुलिस सभी की हिस्सेदारी रहती है। ऐसी प्रथाएँ तभी जिन्दा रहती हैं जब स्त्री की देह और पैसा धर्म की आड़ लिए हासिल होता है। इसी कारण उसे उखाड़ना असम्भव है। ऐसी प्रथाएँ तभी खत्म हो सकती हैं जब ऐसे मन्दिर ही गिरा दिए जाएँ। लेकिन भारत में ऐतिहासिक बाबरी मस्जिद भले ही गिरा दी जाए पर किसी भी मन्दिर को गिराना सम्भव नहीं। चाहे लाखों दलित स्त्रियाँ तबाह होती रहें। उनके बच्चे नाजायज और बर्बाद बने रहें। उनका इस चक्रव्यूह से निकल पाना आसान नहीं, फिर भी बदलाव के लिए कोशिशें जारी रहनी चाहिए।

गोवा देश का एकमात्र ऐसा राज्य है जहाँ वर्षों पहले ही इस प्रथा को न केवल पूरी तरह से खत्म कर दिया गया बल्कि पूरे देवदासी समाज का प्रतिष्ठित रूप में पुनर्वसन भी किया गया। इस काम को स्वयं एक देवदासी पुत्र राजाराम पैंगनिकर ने शुरू किया। उन्होंने अपनी जीवनी 'मैं कौन?' में अपने संघर्ष को लिखा। बचपन से संघर्ष करते-करते वे एक बड़े उद्योगपति बने। राजाराम पैंगनिकर, प्रो. नारायण बान्दोड़कर और कुछ सुधारवादी लोगों ने मिलकर इस प्रथा के विरोध में जबरदस्त संघर्ष शुरू किया, जिसकी वजह से गोवा विधान परिषद ने 1930 में एक बिल पास किया और देवदासी प्रथा को गैर कानूनी घोषित किया।

यह आन्दोलन यहीं खत्म नहीं हुआ। बाद में चलकर इसी आन्दोलन की वजह से 'मराठा गोमान्तक समाज' की स्थापना की गई जिसमें देवदासियों और उनकी अवैध सन्तानों को सम्मानपूर्वक शामिल किया गया। इस नए समाज

ने सभी देवदासियों और उनके बच्चों को बम्बई, कोल्हापुर जैसे महानगरों में जाकर बसने और शिक्षा प्राप्ति के लिए प्रेरित किया। उनके लिए हॉस्टल और पैसे की व्यवस्था की गई ,जिसकी वजह से दो लाख से अधिक जनसंख्यावाले इस समाज में कला, विज्ञान और तकनीकी जैसे कई क्षेत्रों में विश्वविख्यात विभूतियाँ दी हैं।

स्वर्गीय येशुभाई, लता मंगेशकर और आशा भोसले, विख्यात गायिका मोगूबाई कुरड़ीकर और उनकी पुत्री किशोरी अमोनकर, सरस्वती और हीराबाई बान्दोड़कर, हारमोनियम वादक मधुकर पेंडनेकर, लामास्कर पंखतकर, वायलिन वादक श्रीधर परलेकर, ओसवेभोले और आशालता वडगाँवकर, मराठी रंगमंच की विख्यात कलाकार रत्नप्रभा, जयश्री टी, मीना टी, जो बाद में फिल्म अभिनेत्रियाँ बनीं आदि इसी समाज से निकली थीं। इन कलाकारों के अलावा गोवा के प्रथम मुख्यमन्त्री दयानन्द बान्दोड़कर, विश्व-विख्यात स्त्री रोग विशेषज्ञ स्व. डॉ. वी. शिरोड़कर, मशहूर सर्जन डॉ. मुलगावकर, टेल्को के भूतपूर्व चेयरमैन रा.ध. मुलगांवकर और कथाकार श्री चन्द्रकान्त काकोड़कर सभी इसी समाज की देन हैं। 'मराठा गोमान्तक समाज' के लोग आज सम्मान से जीते हैं। उन्हें इस बात पर गर्व है कि वे इस समाज की उपज हैं।

सर्वोच्च न्यायालय ने 14 फरवरी, 2014 को एक महत्त्वपूर्ण फैसले में देवदासी प्रथा को समाप्त करने के लिए कर्नाटक सरकार के प्रधान सचिव को निर्देश दिए जिसमें किसी भी नाबालिग बच्ची को देवदासी बनाने के लिए समर्पित न किए जाने के निर्देश भी दिए। लेकिन अगली सुनवाई पर कर्नाटक सरकार की तरफ से जवाब दाखिल नहीं किया गया। इस पर सुप्रीम कोर्ट ने कर्नाटक सरकार पर जुमार्ना भी लगाया। फिर भी कहीं कोई बदलाव दिखाई नहीं दे रहा है। आज़ादी के 73 साल गुजर जाने के बाद भारत में ऐसे हजारों समुदाय हैं जो आज अपने मानवाधिकारों की लड़ाई लड़ रहे हैं और लगातार हार रहे हैं।

भारत के पहले संविधान *मनुस्मृति* जो दलितों और स्त्रियों को इन्सान का दर्जा नहीं देती। वह आज भी अपनी अहमियत बनाए हुए है जिसके रचयिता मनु की प्रतिमा राजस्थान हाइकोर्ट की शोभा बढ़ा रही है। इसी तरह मनु की सोच पूरी भारतीय सांस्कृतिक व्यवस्था पर हावी है। जब तक डॉ. अम्बेडकर का लिखा भारतीय संविधान पूरी ईमानदारी के साथ लागू नहीं किया जाएगा तब तक भारत के ये सभी शोषित वर्ग मानवाधिकारों से वंचित और मनुवाद से हारते रहेंगे।

मीडिया और दलित

शिक्षा वह हथियार है जिससे आप दुनिया फतह कर सकते हैं।

—डॉ. नेल्सन मंडेला

जाति के परिप्रेक्ष्य में हिन्दी सिनेमा : विवरण, विश्लेषण एवं दृष्टि

1913 में बनी मूक फिल्म राजा हरिश्चन्द्र से भारतीय सिनेमा की शुरुआत हुई। अपने 100 वर्षों से अधिक लम्बे और गौरवशाली इतिहास में भारतीय सिनेमा की कई उपलब्धियाँ दर्ज हैं। शुरू के दौर में भले ही अधिकांश फिल्में धार्मिक विषयों पर बनाई गईं लेकिन वक्त के साथ-साथ फिल्मों का दायरा संख्या के अलावा विभिन्न विषयों पर भी बढ़ता गया। सामाजिक, साम्प्रदायिक, आर्थिक और राजनैतिक विषयों से सम्बन्धित सती, विधवा और बाल विवाह, अविवाहित मातृत्व, देवदासी प्रथा, वेश्यावृत्ति, बलात्कार, विवाहेतर सम्बन्ध, आतंकवाद और जातीय हिंसा जैसे कई विवादित विषयों पर काफी प्रभावशाली और संवेदनशील फिल्में बनीं, जिसका भारतीय जनमानस पर काफी प्रभाव दिखाई दिया। ऐसी कुछ एक फिल्मों पर कुछ वर्गों द्वारा तीखी प्रक्रियाएँ हुईं, जो कई बार तोड़-फोड़ और दंगे-फसाद तक भी पहुँची। यह भारत में सिनेमा के महत्त्व और उससे लोगों के जुड़ाव का प्रमाण है।

जाति एक ऐसा विषय है जिसने हमेशा से ही कई भारतीय बुद्धिजीवी फिल्मकारों को आकर्षित किया। हिन्दी के साथ-साथ सभी क्षेत्रीय भाषाओं में भी जाति पर समय-समय पर कई उत्कृष्ट फिल्में बनीं। जाति पर बनी फिल्में भले ही बॉक्स ऑफिस पर ज़्यादा सफल नहीं हो पाईं, लेकिन अधिकांश फिल्में कई अन्तरराष्ट्रीय और राष्ट्रीय पुरस्कार पाने में सफल रहीं। जाति पर आधारित सिनेमा का इतिहास छोटा है पर बहुत महत्त्वपूर्ण है।

सन् 1931 में भारत की पहली बोलती फिल्म आलमआरा प्रदर्शित हुई 1931 से 1940 तक जाति पर आधारित कई महत्त्वपूर्ण फिल्में बनाई गईं।

यही वह दौर था जब भारतीय स्वतन्त्रता आन्दोलन अपने चरम पर था। महात्मा गाँधी स्वतन्त्रता आन्दोलन और डॉ. अम्बेडकर दलितों के सम्मान और अधिकारों के लिए बरतानिया सरकार के विरुद्ध संघर्ष कर रहे थे, लेकिन इस बात पर ध्यान दिया जाना चाहिए कि हिन्दी सिनेमा पर शुरू से ही महात्मा गाँधी के विचार हावी रहे जो उस दौर की फिल्मों में साफ दिखाई देता है। महात्मा गाँधी ने स्वतन्त्रता आन्दोलन और उसके बाद सामाजिक सुधारों की जिस विचारधारा को प्रोत्साहित किया वह हिन्दू धार्मिक दायरे के भीतर ही सीमित थी।

सन् 1931-32 के दौरान प्रदर्शित हुई इम्पीरियल फिल्म्स की प्रसिद्ध फिल्म 'ख़ुदा की शान' भी इसी गाँधीवादी दर्शन से प्रभावित फिल्म थी। इस फिल्म के प्रमुख पात्र गरीबदास का किरदार गाँधी जी को ध्यान में रख कर ही लिखा गया था। आर.एस. चौधरी द्वारा निर्देशित इस फिल्म की कहानी अपने समय के हिसाब से काफी बोल्ड थी। दलित स्त्री रामकी अमीर माणिकदास से प्रेम करती है जो उसका शारीरिक शोषण कर उसे छोड़ देता है। तब माणिकदास का पिता किशनदास रामकी पर जोर-जबरदस्ती करता है। रामकी उसके चुंगल से बचकर एक कोठे में शरण लेती है लेकिन किशनदास उसे ढूँढकर उस पर हमला करता है लेकिन खुद मारा जाता है। रामकी को एक मुसलमान युवक मदद करता है जिसका अपना एक बेटा है। रामकी की बेटी का जन्म होता है लेकिन आग में जलकर रामकी और उसे शरण देनेवाले युवक की मृत्यु हो जाती है। तब गरीबदास साधु दोनों बच्चों को अपनाकर उनकी देखभाल करते हैं। बच्चे बड़े होते हैं और माणिकदास के कारखाने में ही काम करने लगते हैं। माणिकदास का दिल तब अपनी ही बेटी पर आ जाता है। हालात कुछ ऐसे बनते हैं कि माणिकदास मारा जाता है और गरीबदास साधु को उनकी जमीन वापस मिल जाती है जिसे कभी माणिकदास ने हथिया लिया था। इस फिल्म में गरीबदास साधु का पात्र गाँधी जी से काफी मिलता-जुलता है। उनके द्वारा बोले गए संवादों के कारण ही इस फिल्म को उस वक्त ब्रिटिश सेंसर से प्रदर्शन की अनुमति मिलने में काफी मुश्किलों का सामना करना पड़ा था।

सन् 1934 में नितिन बोस ने प्रसिद्ध कवि चंडीदास के जीवन पर आधारित इसी नाम से एक फिल्म का निर्माण किया। वैष्णव पन्थ के प्रसिद्ध कवि चंडीदास

का प्रेम अछूत स्त्री रामी से होता है, जिसका विरोध होने पर वे अपना समाज, जाति और धर्म सब-कुछ त्याग कर रामी के साथ गाँव छोड़कर चले जाते हैं। यह फिल्म कोलकाता में उस समय काफी सफल रही।

जाति पर आधारित अगली फिल्म अछूत कन्या थी, जो 1936 में प्रदर्शित हुई। इस फिल्म के निर्माता हिमांशु राय थे जिन्होंने इस फिल्म के निर्देशन के लिए एक जर्मन-फ्रेन्त्ज़ ऑस्टिन को चुना। इस फिल्म की मुख्य भूमिका में उस समय की सुपरस्टार जोड़ी अशोक कुमार और देविका रानी थी। फिल्म की पूरी कहानी फ्लैशबैक में दिखाई गई है जो असफल प्रेमकथा पर आधारित थी। गाँव के रेलवे फाटक के अछूत चौकीदार दुखिया की जवान और खूबसूरत बेटी कस्तूरी का प्रेम गाँव के ब्राह्मण दुकानदार के बेटे प्रताप से है जिसकी वजह से गाँव में खासा तनाव है। हिंसा बढ़ती है और अन्ततः दोनों रेल के इंजन के सामने आत्महत्या करने को मजबूर हो जाते हैं, तब कहीं जाकर गाँव में शान्ति होती है। कुछ छोटी-मोटी कमियों के बावजूद यह फिल्म निर्देशन और तकनीकी दृष्टि से काफी अच्छी थी, जबकि इसके निर्देशक जर्मन थे। देविका रानी का ग्लेमरस रूप और लाउड मेकअप उनके पात्र को अविश्वसनीय बनाते थे। वह अछूत है। वह भी उस समय जब दलित स्त्री को ढंग के कपड़े पहनने का भी अधिकार नहीं था। इस फिल्म के निर्देशक फ्रेन्त्ज़ ऑस्टिन अगले ही वर्ष 1937 में उस वक्त हिटलर की नाजी पार्टी के सदस्य बन गए। तब वे भारत में ही बतौर निर्देशक हिन्दी फिल्मों में काम कर रहे थे। उन दिनों जर्मनी में कई प्रसिद्ध और महत्त्वपूर्ण कलाकार, बुद्धिजीवी, समाजसेवी और खिलाड़ी नाजी पार्टी में शामिल हो रहे थे। 1934 में जर्मनी में नाजी पार्टी का भव्य अधिवेशन हुआ जिसकी कवरेज को एक लम्बी फिल्म में तब्दील कर 1935 में 'ट्रम्फ ऑफ द विल' के नाम से प्रदर्शित किया गया।

इस फिल्म का निर्माण हिटलर की एक करीबी महिला मित्र लेनी राफेलस्ट्राल ने किया था। इस फिल्म में हिटलर के सबसे प्रिय और महत्त्वपूर्ण विषय—जर्मन जनता की अस्मिता, उनकी उम्मीदें और हिटलर के नेतृत्व के करिश्मे के साथ-साथ एक नए उग्र संस्कृतिवादी दर्शन को पहली बार बड़े पर्दे पर दिखाया गया! हिटलर के इसी दर्शन को व्यापक रूप में फैलाने के लिए जो नीतियाँ और कार्यक्रम तय किए गए उनमें यह फिल्म अहम थी। इस फिल्म का जर्मन जनता पर काफी असर हुआ। फ्रेन्त्ज़ ऑस्टिन पर इस फिल्म का कितना

असर हुआ और यह फिल्म उनके नाजी पार्टी में शामिल होने का कितना कारण बनी यह तो शोध का विषय है, जिसे ठीक से समझा जाना चाहिए।

भारत में संस्कृति को जरिया बनाकर धर्म प्रचार की प्रथा पुरानी है, लेकिन संस्कृति का राष्ट्रवाद के बगैर कोई अस्तित्व नहीं हो सकता। इस 21वीं सदी में संस्कृति की इस नई परिभाषा के आक्रामक प्रसार और स्थायित्व के लिए फिल्मों की भूमिका को समझने के लिए इस फिल्म का अध्ययन महत्त्वपूर्ण हो सकता है। वर्षों बाद भारत में इसी तरह के उग्र संस्कृतिवाद, जिसे सांस्कृतिक राष्ट्रवाद के नाम लोकप्रिय बनाने के प्रयास किए गए, कई जगह दिखाई दिए। कुछ साम्प्रदायिक ताकतों का यह दर्शन आज प्रमुख एजेंडा है। इस दर्शन का भारतीय सिनेमा पर काफी असर हुआ, जिसके पक्ष और विपक्ष में फिल्में बनाई गईं!

हालाँकि जाति ही एकमात्र ऐसा विषय रहा जिस पर यह संस्कृतिवाद बेअसर साबित हुआ जिसे इस विषय पर बनाई गई फिल्मों में भी साफ देखा जा सकता है। दरअसल दलित और आदिवासी संस्कृति का हिन्दू धर्म से कोई वास्ता नहीं है। उनकी अपनी विरासत है जो हिन्दू धर्म से बहुत पुरानी है, जिसकी जड़ें भारत की जमीन पर मजबूती से जमी हुई हैं। इन्हें आसानी से उखाड़ पाना किसी के लिए भी सम्भव नहीं है। यही अटल सत्य है। इतिहास गवाह है कि सभी धार्मिक और राजनीतिक प्रभाव इस संस्कृति पर बेअसर साबित होते रहे हैं। सांस्कृतिक राष्ट्रवाद का भी अन्ततः यही हश्र होना तय है।

सन् 1940 में निर्माता चन्दुलाल शाह ने अस्पृश्यता पर फिल्म बनाने का निर्णय लिया। 'अछूत' नाम की फिल्म को गाँधी जी और वल्लभ भाई पटेल का समर्थन हासिल था। उन्हीं के प्रयास से इस फिल्म का निर्माण हुआ। 1930 में नासिक के कालाराम मन्दिर में दलितों के प्रवेश के लिए किए गए आन्दोलन पर डॉ. अम्बेडकर और महात्मा गाँधी के बीच बातचीत हुई थी। गाँधी जी ने इस आन्दोलन के लिए न केवल अपनी सहमति दी बल्कि उसमें शामिल होने का वचन भी डॉ. अम्बेडकर को दिया था, लेकिन ऐन मौके पर गाँधी जी कालाराम मन्दिर नहीं पहुँचे। उनकी अनुपस्थिति के बावजूद आन्दोलन सफल रहा लेकिन देश भर के दलित गाँधी जी के इस कदम से काफी आहत हुए।

फिल्म अछूत कहीं न कहीं इस कसक की भरपाई का चित्रण करती है। फिल्म की कहानी एक अछूत से शुरू होती है जिसे गाँव के कुएँ से पानी लेने की अनुमति नहीं मिलती, जिससे आहत हो वह ईसाई बन जाता है। लेकिन उसकी पत्नी हिन्दू ही रहती है! उनकी बेटी लक्ष्मी को एक अमीर व्यवसायी गोद ले लेता है। उसकी अपनी बेटी सविता और लक्ष्मी दोनों बड़े होने पर एक ही व्यक्ति से प्रेम करती हैं। तब वह व्यवसायी लक्ष्मी को उसके गाँव वापस भेज देता है, जहाँ उसकी मुलाकात उसके बचपन के मित्र रामू से होती है और वह उसके साथ गाँव के दलित आन्दोलन में शामिल हो जाती है। इसी आन्दोलन की हिंसा में लक्ष्मी मारी जाती है, लेकिन दलितों को मन्दिर में प्रवेश करने की अनुमति मिल जाती है। इस फिल्म में डॉ. अम्बेडकर के आन्दोलन के सभी प्रमुख मुद्दे थे जिनमें धर्म परिवर्तन, मन्दिर प्रवेश और पानी के लिए संघर्ष शामिल है। इन्हें दिखाया तो गया है लेकिन ये सभी मुद्दे गाँधी जी के विचार और उनके तर्क पर ही आधारित हैं। हालाँकि अछूत व्यावसायिक रूप से सफल फिल्म थी, फिर भी वर्षों तक जाति पर कोई दूसरी फिल्म नहीं बनी।

इस विषय पर अगली फिल्म बिमल राय की सुजाता थी जिसे 1959 में प्रदर्शित किया गया। बिमल राय भारतीय सिनेमा जगत में उच्च कोटि के संवेदनशील निर्देशक के रूप में जाने जाते हैं। उनकी लगभग सभी फिल्मों को अपने समय की श्रेष्ठ फिल्म होने का गौरव हासिल है। सबसे ज़्यादा राष्ट्रीय और अन्तरराष्ट्रीय पुरस्कार प्राप्त कर बिमल राय का नाम आज भी सबसे ऊपर है। बिमल रॉय को फिल्मों के सभी क्षेत्रों की गहरी समझ थी। उन्होंने अपना फिल्मी कैरियर कोलकाता के मशहर न्यू थियेटर्स में बतौर कैमरामैन की थी। बाद में वे निर्देशक बने। हिन्दी में बनाई गई फिल्मों में सुजाता उनकी दूसरी फिल्म थी जिससे पहले उन्होंने दो बीघा जमीन जैसी बेहतरीन फिल्म बनाई। लेकिन सुजाता उनकी सबसे कमजोर फिल्म थी, हालाँकि इस फिल्म के सभी पात्र वास्तविक जीवन के करीब थे। स्क्रीनप्ले, संवाद, गीत, संगीत और कलाकारों का उत्कृष्ट अभिनय सभी कुछ अच्छा होने के बावजूद कमजोर कहानी इस फिल्म की सबसे बड़ी कमी साबित हुई, जिसका असर फिल्म के निर्देशन पर भी पड़ा। हालाँकि यह फिल्म बंगाल के प्रसिद्ध लेखक सुबोध घोष के उपन्यास पर आधारित थी। स्क्रीनप्ले नोवेन्दु घोष जैसे प्रतिभाशाली लेखक ने लिखा था, लेकिन पूरी कहानी जाति के सन्दर्भ में हरिजन सहानुभूतिवाले गाँधीवादी दर्शन

पर आधारित होने के कारण अपने मकसद से भटक गई। इससे पता चलता है कि बिमल रॉय को जाति के विषय में पूरी जानकारी नहीं थी और वे पूरी तरह से सुबोध घोष के उपन्यास पर ही आश्रित थे। सुजाता की कहानी एक ऐसे दम्पति उपेन्द्रनाथ और चारु की है। जिन्हें मजबूरी में एक दुधमुँही अछूत बच्ची को अपने संरक्षण में रखना पड़ता है जिसकी माँ की मृत्यु हो चुकी है और पिता शराबी है। उपेन्द्रनाथ की अपनी भी लगभग उसी उम्र की बेटी है। हालात कुछ ऐसे बनते हैं कि न चाहते हुए भी उन्हें उस अछूत बच्ची को अपने घर में आश्रय देना पड़ता है, लेकिन उसकी देखभाल नौकरानी करती है। उपेन्द्रनाथ उस बच्ची का नाम सुजाता रख देते हैं। तीर्थ यात्रा से लौटती उपेन्द्रनाथ की बुआ एक पंडित को साथ लेकर उनके घर आ जाती हैं। जब उन्हें सुजाता की जाति की सच्चाई का पता चलता है तो वह तूफान खड़ा कर देती हैं। पंडित तो तुरन्त ही भाग खड़ा होता है। किसी तरह हाथ-पाँव को जोड़कर बुआ को मनाया जाता है। जब भी बुआ का सामना छोटी-सी सुजाता से होता है वे आगबबूला हो जाती हैं और अपने ऊपर गंगाजल डालकर खुद को शुद्ध करती हैं। वक्त गुजरता है। दोनों बच्चियाँ साथ पलकर बड़ी हो जाती हैं। सुजाता उस घर का एक अभिन्न हिस्सा है, जिसे चौधरी दम्पति अपनी बेटी की तरह प्यार करते हैं।

फिर भी वह उनकी अपनी बेटी नहीं बन पाती। कुछ फर्क है जिन्हें सुजाता महसूस करती है, फिर भी अनदेखा करती है, जिसका चित्रण बिमल रॉय ने फिल्म में कई जगहों पर बड़ी खूबसूरती से किया है। घर की इकलौती लाड़ली बेटी रमा उससे निस्वार्थ प्रेम करती है। हमउम्र होने के कारण दोनों की दोस्ती और अपनापन उनके रिश्ते का सबसे मजबूत पक्ष है। रमा फैशनेबल है। मॉडर्न है। कीमती कपड़े पहनती है। कॉलेज में पढ़ती है और बैडमिन्टन खेलती है। इसके विपरीत सुजाता सस्ती सूती साड़ी पहनती है। पूरे घर की जिम्मेदारी सम्हालती है। सुबह से लेकर रात तक अकेले ही घर के सारे काम करती है। उसके मन में चौधरी परिवार के लिए कितनी कृतज्ञता भरी है यह साफ झलकती है। इसीलिए वह न तो किसी बात का विरोध करती है और न ही अधिकार जताने की कोशिश करती है। मुख्य पात्र को सिर्फ जनता की सहानुभूति पाने के लिए ज़रूरत से ज़्यादा आज्ञाकारी बनाना इस फिल्म की एक बड़ी कमजोरी है। कहानी एक नया मोड़ तब लेती है, जब फिल्म के नायक अधीर उनके घर आते हैं। अधीर गाँधीवादी है, खादी का कुर्ता-पजामा पहनता है और ढेर-सारी किताबें पढ़ता है। चौधरी दम्पति अधीर को काफी पसन्द करते हैं। वह उनकी बुआ का पोता है। वे रमा से उसकी शादी करना चाहते हैं। लेकिन अधीर को रमा

के बजाय सुजाता पसन्द आ जाती है, जिसका रमा पर तो असर नहीं पड़ता पर उसकी माँ चारू को, अधीर की बजाय सुजाता पर बहुत गुस्सा आता है। अधीर की दादी भी इस रिश्ते का बहुत विरोध करती है। उसे तरह-तरह की धमकियाँ भी देती है पर अधीर अपने फैसले पर अड़ा रहता है। सुजाता अधीर को चाहते हुए भी उसे स्वीकार करने की हिम्मत नहीं जुटा पाती। फिल्म के एक दृश्य में अधीर नदी किनारे गाँधी जी की मूर्ति के पास खड़े होकर सुजाता को छुआछूत के विरोध में गाँधीवादी दर्शन पर बड़ा-सा व्याख्यान भी देता है। उसे समझाने की कोशिश करता है कि जाति से कोई ऊँचा या नीचा नहीं हो जाता। सब इन्सान बराबर हैं। लेकिन उसे यह नहीं बताता कि वह उससे सिर्फ इसलिए शादी करना चाहता है क्योंकि वह उससे बहुत प्यार करता है। दया और सहानुभूति के बजाय प्रेम उनके रिश्ते का आधार है।

इस फिल्म का अन्त बहुत नाटकीय है। चारू सीढ़ियों से गिर जाती है। सिर पर गहरी चोट लगने की वजह से बहुत खून बह जाता है तब खून की ज़रूरत पड़ती है। उस समय पूरे घर में सिर्फ सुजाता का ही खून चारू के खून से मेल खाता है, जिसका खून चढ़ाने पर ही चारू की जान बचती है। इस घटना के बाद चारू मन से सुजाता को अपनी बेटी स्वीकारती है और अधीर से उसकी शादी के लिए राजी हो जाती है। 1959 में जब यह फिल्म प्रदर्शित हुई थी तब गाँधी जी की मृत्यु को काफी वक्त गुजर चुका था और उनके आन्दोलन का असर भी लगभग खत्म हो चुका था लेकिन डॉक्टर अम्बेडकर का क्रान्तिकारी आन्दोलन पूरी तरह जीवित था। हालाँकि डॉक्टर अम्बेडकर की भी तीन वर्ष पहले 6 दिसम्बर, 1956 को मृत्यु हो गई थी लेकिन उसी वर्ष अपनी मृत्यु से मात्र डेढ़ महीना पहले 14 अक्टूबर को उन्होंने हिन्दू धर्म त्याग कर बौद्ध धर्म की दीक्षा ले ली। उनके साथ ही 5 लाख दलितों ने भी बौद्ध धर्म स्वीकार कर लिया।

दुनिया के इतिहास में इसे उस वक्त की सबसे बड़ी क्रान्ति माना गया जिसका असर देश भर में देखने को मिला। 1960 के आम चुनाव में आर.पी.आई. ने एक युवा नेता बी.पी. मौर्या के नेतृत्व में उत्तर प्रदेश से लोक सभा की 16 सीटें जीत लीं जो आज उत्तर प्रदेश में बहुजन समाज पार्टी के राज की बुनियाद है। डॉक्टर अम्बेडकर के जीवन काल में जो सम्भव नहीं हो पाया उनकी मृत्यु के बाद हुआ। उस वक्त देश भर में बदलती हुई दलित चेतना की तरफ बिमल रॉय जैसे जानकारी रखनेवाले निर्देशक की नजर कैसे नहीं गई? अगर वे इस ओर

जरा-सा भी ध्यान देते तो कम-से-कम दया और सहानुभूतिवाले गाँधीवादी दर्शन के बजाय दलितों की अपने आत्म सम्मान और अधिकारों के लिए बदलती सोच पर केन्द्रित फिल्म बनाते, जिसकी आग आज तक ठंडी नहीं हुई। तब शायद वे सुजाता के मुख्य किरदार को ज़्यादा न्याय संगत बना पाते जो ज़रूरत से ज़्यादा हीन भावना से ग्रस्त, मजबूर और बेचारी नहीं होती। सुजाता बिमल रॉय की फिल्मों की महिला पात्रों में सबसे कमजोर है। फिर भी इस फिल्म को कई पुरस्कार मिले। बिमल रॉय को श्रेष्ठ निर्देशन के लिए और नूतन को सुजाता के रोल के लिए राष्ट्रीय पुरस्कारों की श्रेणी में रजत पदक दिए गए। उसी वर्ष बिमल रॉय और सुबोध घोष को फिल्म फेयर अवार्ड भी मिले। चार श्रेणियों में फिल्म फेयर अवार्ड जीतनेवाली उस वर्ष यह अकेली फिल्म थी।

जिस समय सुजाता फिल्म का निर्माण हुआ उस काल को हिन्दी सिनेमा का स्वर्णयुग कहा जाता है। जब कई महत्त्वपूर्ण विषयों पर बेहतरीन फिल्में बनीं। इस दौर को उन गीतकारों, संगीतकारों, कलाकारों और निर्देशकों ने मिलकर यादगार बनाया, जिनका सम्बन्ध किसी-न-किसी आन्दोलन से था। साहिर लुधियानवी, कैफी आजमी, शैलेन्द्र, बलराज साहनी, ख्वाजा अहमद अब्बास, राजेन्द्र सिंह बेदी, जाँ निसार अख्तर जैसी कई हस्तियाँ, जिनका सम्बन्ध इप्टा से था और जो वामपन्थी विचारधारा से जुड़े थे, जिनकी बदौलत हिन्दी सिनेमा में आज़ादी के बाद गरीबी, बेकारी और भूख से जूझते आम आदमी के संघर्षों का चित्रण ईमानदारी से सम्भव हो पाया। लेकिन जाति जैसे गम्भीर और ज़रूरी विषय पर एक भी फिल्म नहीं बनाई गई।

सत्तर के दशक में 'न्यू वेव सिनेमा' का दौर आया, जब कम खर्च पर उद्देश्यपूर्ण फिल्में बनाने का चलन शुरू हुआ जिसकी पहचान आर्ट फिल्म के नाम से हुई। ऐसी फिल्में जिन्दगी के सबसे करीब थीं। आम आदमी के संघर्षों के साथ-साथ स्त्री-पुरुष सम्बन्धों पर भी कई बोल्ड फिल्में बनीं। यह वह वक्त था जब पूरी दुनिया में बदलाव का दौर चल रहा था। अपनी निराशा और कुंठा से जूझता युवा वर्ग दुनिया भर में जगह-जगह बन्धनों को तोड़ रहा था। कहीं संगीत तो कहीं नशे में अपनी आज़ादी ढूँढ़ रहा था। अमेरिका में साम्यवादी और श्यामवर्णीय आन्दोलन ने तब तक पूरी दुनिया को अपनी तरफ आकर्षित कर लिया था। लगभग उसी वक्त भारत में भी 'दलित पैन्थर' की शुरुआत हुई।

दलित पैन्थर के सभी सदस्य उच्च कोटि के साहित्यकार भी थे, जिनके साहित्य ने स्थापित भारतीय साहित्य जगत में बैचेनी पैदा की और प्रतिष्ठित

साहित्यकारों को भी अपने अन्तर में झाँकने पर मजबूर किया। दलित साहित्य के इस आन्दोलन के कारण ही देश के कई भागों में सामाजिक और सांस्कृतिक बदलाव की प्रक्रिया शुरू हुई। हिन्दी सिनेमा में भी इसका जबरदस्त प्रभाव दिखाई दिया, जब इस विषय से जुड़ी कई बेहतरीन फिल्में बनीं। श्याम बेनेगल ने हिन्दी में और गिरीश कर्नाड ने कन्नड़ में कई प्रभावशाली फिल्में बनाईं। श्याम बेनेगल ने हमेशा से ही अपने आप को समाज से जुड़ा हुआ व्यक्ति माना। समाज में होते बदलाव और उससे उत्पन्न आक्रोश को समझने का प्रयास जारी रखा। उन्होंने कई बार इस बात को खुले रूप से स्वीकार किया कि समाज में होनेवाले बदलाव से वे अछूते नहीं रह सकते, क्योंकि वे भी उसी का हिस्सा हैं और वे हर बदलाव का समर्थन करते हैं। उन्होंने विशेषकर स्त्रियों पर होनेवाले अत्याचार, जाति और साम्प्रदायिक हिंसा के विरोध में हिन्दी सिनेमा को सबसे ज़्यादा और सबसे प्रभावशाली फिल्में दीं। श्याम बेनेगल की फिल्मों में वह सभी कुछ था जो एक अच्छी फिल्म की ज़रूरत होती है। अच्छी कहानी, स्क्रीन प्ले, संवाद, छायाँकन, एडिटिंग और उत्कृष्ट निर्देशन। श्याम बेनेगल को भी बिमल रॉय की तरह सिनेमा के हर क्षेत्र में महारत हासिल थी जो उनकी हर फिल्म में दिखाई देता है। अंकुर उनकी पहली फिल्म थी। दरअसल इसी फिल्म से हिन्दी सिनेमा में परिवर्तन का अंकुर फूटा। इस फिल्म की कहानी काफी बोल्ड थी। अमीर ज़मींदारी का एकलौता बेटा सूर्या शहर से पढ़ाई खत्म कर घर वापस आता है। पिता उसका विवाह उसकी मर्जी के खिलाफ कर उसे गाँव में जमीन की देख-रेख करने भेज देते हैं क्योंकि वे मानते हैं कि ताकतवर पुरुष वही है जिसके पास जमीन है। स्त्री की कोई कीमत नहीं होती क्योंकि उसके पास जमीन या कोई सम्पत्ति नहीं होती। गाँव में सूर्या की मुलाकात दलित स्त्री लक्ष्मी से होती है जो उसके यहाँ काम करती है, जिसका पति गूँगा-बहरा और शराबी होता है। एक दिन वह उसे छोड़कर भी चला जाता है। तब सूर्या लक्ष्मी को अपने घर में रख लेता है। गाँव में दबी-जबान में इसका विरोध भी होता है। सूर्या इसकी ज़्यादा परवाह नहीं करता। एक दिन अचानक सूर्या की पत्नी आ जाती है। सूर्या लक्ष्मी को तुरन्त भगा देता है, जबकि उस वक्त वह उसी से गर्भवती है। लक्ष्मी अपनी झोपड़ी में आ जाती है। उसका पति भी वापस लौट आता है। यह जानकर कि वह माँ बननेवाली है, वह बहुत खुश हो जाता है और इसी खुशी में काम करने के लिए ज़मींदार के घर की तरफ जाता है। उसे दूर से आता देख सूर्या बहुत डर जाता है। डरा हुआ सूर्या वगैर कुछ भी जाने उसे बहुत मारता है। दूर से देखती लक्ष्मी अपने पति को बचाने के लिए बड़ी मुश्किल से दौड़कर आती

है और गुस्से में चिल्लाकर बताती है कि उसका पति तो सिर्फ काम पर वापस आया था। सूर्या उसका सामना नहीं कर पाता और घर के अन्दर भाग जाता है। इस फिल्म का अन्त एक छोटे-से बच्चे के पत्थर मारने से होता है जो कमजोरों के विरोध का चित्रण है।

इस फिल्म के लिए शबाना आजमी को कई पुरस्कार प्राप्त हुए जिनमें सर्वश्रेष्ठ अभिनेत्री का राष्ट्रीय पुरस्कार भी शामिल है। श्याम बेनेगल को निर्देशन के लिए रजत कमल प्रदान किया गया। फिल्म अंकुर के बाद श्याम बेनेगल ने जाति पर आधारित कुछ अन्य फिल्में भी बनाई जिनमें मन्थन, जो गुजरात में सहकारी दूध उत्पादन के क्षेत्र में दलितों की भागीदारी पर आधारित थी। यह फिल्म काफी चर्चित रही। श्याम बेनेगल की सभी फिल्में किसी-न-किसी सामाजिक विषय पर ही आधारित रहीं। उनकी एक अन्य फिल्म 'सुसमन' इक्कत के हथकरघा कारीगरों के जीवन और संघर्ष की फिल्म थी जो इक्कत का कपड़ा बुनते हैं। विश्व प्रसिद्ध और बेहतरीन माने जानेवाले इन बुनकरों का समावेश पिछड़ी जाति में होता है जो अछूत नहीं है, पर उनका जीवन अछूतों से अलग भी नहीं।

अस्सी का दशक हिन्दी सिनेमा के लिए सामान्य रहा, जहाँ अधिकतर फिल्में कोई विशेष छाप नहीं छोड़ पाईं, लेकिन इसी दशक में कई प्रसिद्ध निर्देशकों ने जाति पर आधारित विषयों पर अच्छी फिल्में बनाईं जिनमें सत्यजीत रॉय की 'सद्गति' भी शामिल है। यह प्रेमचन्द की एक प्रसिद्ध कहानी पर आधारित थी। सत्यजीत रॉय की बंगाल में बनी सभी फिल्में बेमिसाल हैं। उनकी तुलना में यह फिल्म कोई विशेष प्रभाव नहीं छोड़ पाई। सत्यजीत रॉय की छाप इस फिल्म में दिखाई नहीं दी।

दूसरी फिल्म कान्ती लाल राठौर की 'रामनगरी' जो नाइयों के जीवन पर केन्द्रित थी। अच्छी होने के बावजूद फिल्म लोगों तक नहीं पहुँच पाई।

इसी दौरान गौतम घोष द्वारा निर्देशित फिल्म 'पार' प्रदर्शित हुई। यह फिल्म बिहार में रहनेवाली मुसहर जाति के जीवन और संघर्ष की कहानी है। इस फिल्म में मुसहर जाति के दिल दहलानेवाले जीवन को दिखाया है। 'पार' निस्सन्देह जाति पर बनी सशक्त फिल्म है। इस फिल्म को कई राष्ट्रीय और अन्तरराष्ट्रीय पुरस्कार मिले।

सन् 1985 में तीन अन्य फिल्में जिनमें प्रकाश झा की 'दामुल', प्रदीप कृष्ण की 'मैसी साहब', जे.पी. दत्ता की 'गुलामी' प्रदर्शित हुई। दामुल उस दौर की कहानी है जब बिहार में सवर्ण ज़मींदारों के जुल्म से तंग पंजाब की ओर पलायन करता गरीब, भूमिहीन, दलित, मजदूर बिहार शरीफ में दर्दनाक जनसंहार का शिकार हुआ था। 'मैसी साहब' मध्य प्रदेश के गरीब आदिवासियों के जीवन को दर्शाती फिल्म थी जिसमें बुकर पुरस्कार से सम्मानित प्रसिद्ध लेखिका अरुन्धति रॉय ने अभिनय किया था। एक अन्य प्रसिद्ध फिल्म गुलामी जिसमें धर्मेन्द्र, मिथुन चक्रवर्ती, नसीरुद्दीन शाह, स्मिता पाटिल और अनीता राज जैसे कई बड़े सितारों ने अभिनय किया था। इसमें राजस्थान के गाँवों में शिक्षा से दलितों में आ रही जागृति और कर्ज के बोझ से दबे किसानों पर होनेवाले अत्याचार की कहानी थी। यह फिल्म राजस्थान के एक गरीब दलित शिक्षक की आत्मकथा पर आधारित थी। गुलामी भले ही बड़े बजट की फिल्म थी फिर भी इस फिल्म में दलितों पर होनेवाले अत्याचार, उनके संघर्ष और आक्रोश का चित्रण पूरी ईमानदारी के साथ किया गया। इस फिल्म के बाद ही हिन्दी व्यावसायिक फिल्मों में जाति पर आधारित व्यावसायिक फिल्मों का चलन शुरू हुआ। इसी दौरान बनी एक अन्य फिल्म 'चक्र' जिसे रविन्द्र धर्माधिकारी ने बनाया और वह काफी चर्चित रही। मुम्बई की झोपड़पट्टी में रहनेवाले लोगों के रोजमर्रा के संघर्षों पर आधारित यह फिल्म एक अच्छी फिल्म मानी गई।

नब्बे के दशक में इस विषय पर कई अच्छी फिल्में बनीं जिनमें दिशा एक बेहतरीन फिल्म थी जो कन्नड़ भाषा के प्रसिद्ध लेखक यू.आर. अनन्तमूर्ति की प्रसिद्ध कहानी घटश्राद्ध पर आधारित थी। हिन्दी में निर्देशक अरुण कौल ने और कन्नड़ में गिरीश कासरवल्ली ने बनाया। फिल्म 'दिशा' को फ्रांस में सर्वोत्तम फिल्म की श्रेणी में सर्वोच्च नागरिक पुरस्कार से सम्मानित किया गया।

सन् 1994 में के. विक्रम सिंह द्वारा निर्देशिक फिल्म 'तर्पण' एक लोककथा पर आधारित थी जिसका चित्रण भी लोकशैली में ही किया गया था। तर्पण उस गाँव की कहानी है जहाँ कुएँ की सफाई के दौरान ठाकुरों द्वारा दलितों पर किए गए अत्याचार अलग-अलग पत्रों की शक्ल में एक-एक कर बाहर निकलकर आते हैं और अपनी कहानी कहते हैं।

सन् 1994 में ही दूसरी चर्चित फिल्म 'बैंडिट क्वीन' थी जिसका निर्देशन शेखर कपूर ने और निर्माण ब्रिटिश कम्पनी चैनल 4 ने किया था। यह फिल्म माला सेन के उपन्यास पर आधारित प्रसिद्ध महिला डाकू फूलन देवी के जीवन पर केन्द्रित थी।

सन् 2000 में जाति पर आधारित दो फिल्में प्रदर्शित हुईं 'बवंडर' और 'डॉक्टर अम्बेडकर'। 'बवंडर' का निर्देशन डॉ. जग मुन्दरा ने किया और पटकथा सुधा अरोड़ा ने लिखी थी। यह फिल्म राजस्थान में हुए चर्चित भँवरी देवी बलात्कार और उसके बाद की कानूनी प्रक्रिया पर आधारित थी। भँवरी देवी के दोषियों को निर्दोष साबित कर दिया गया था। डॉक्टर अम्बेडकर की जन्म शताब्दी के अवसर पर केन्द्र और महाराष्ट्र राज्य सरकार द्वारा दी गई वित्तीय सहायता से बनाई गई 'डॉक्टर अम्बेडकर' एक महँगी और बड़ी फिल्म थी। इस फिल्म का निर्देशन जब्बार पटेल ने किया था। यह फिल्म डॉक्टर अम्बेडकर के जीवन संघर्ष पर आधारित थी। इसमें डॉक्टर अम्बेडकर के किरदार के लिए प्रसिद्ध मलयाली अभिनेता ममूटी को सर्वश्रेष्ठ अभिनेता का राष्ट्रीय पुरस्कार प्रदान किया गया।

सन् 2006 में बनी फिल्म 'एक धुन बनारस की' यूँ तो जाति पर आधारित थी लेकिन बौद्धधर्म और हिन्दू धर्म के सहअस्तित्व के अन्तर्द्वन्द्व के विषय को दिखाने की कोशिश में निर्देशक पंकज पराशर भ्रमित हो गए। मूल कहानी एक प्रेमकथा है जो एक भंगी स्त्री द्वारा पालित अनाथ युवक सोहम और अमीर सवर्ण स्त्री स्वेताम्बरी की प्रेम कहानी है। सोहम को मार दिया जाता है। स्वेताम्बरी सब कुछ त्याग कर संन्यास ले लेती है लेकिन सोहम को अपने जेहन में जिन्दा रखती है और जानती है कि सोहम की हत्या किसने की लेकिन मौन रहती है।

अगले साल 2007 में बनी 'एकलव्य द रॉयलगार्ड' का निर्देशन विधु विनोद चोपड़ा ने किया था। इस फिल्म की कहानी कॉम्प्लेक्स होने के बावजूद काफी मनोरंजक थी। इस फिल्म को भारत की ओर से ऑस्कर में विदेशी भाषा की श्रेणी में भेजा गया, जिसके चयन को लेकर काफी आलोचना हुई। हालाँकि यह फिल्म ऑस्कर नहीं जीत पाई लेकिन यह नियोग जैसे विषय पर बनाई गई एकमात्र हिन्दी फिल्म है। नियोग का जिक्र हिन्दू धार्मिक मान्यताओं में है, जिसके अनुसार दलित स्त्री ब्राह्मण पुरुष से गर्भ धारण कर सकती है, लेकिन ब्राह्मण स्त्री का दलित पुरुष द्वारा गर्भ धारण करना वर्जित है। इस प्रक्रिया से

उत्पन्न सन्तान को हिन्दू समाज में चांडाल का दर्जा दिया गया है। इस फिल्म का प्रमुख पात्र राजकुमार दलित गुलाम का बेटा है। ऐसा किन परिस्थितियों में हुआ यह फिल्म प्रामाणिक रूप से स्थापित नहीं कर पाई। इस गम्भीर सच्चाई का फिल्म में छूट जाना इस फिल्म की सबसे बड़ी कमी है।

सन् 2011 में प्रदर्शित निर्देशक प्रकाश झा की चर्चित फिल्म 'आरक्षण' अपने नाम के अनुरूप ही आरक्षण के मुद्दे पर केन्द्रित थी, लेकिन पूरी फिल्म आरक्षण के लिए सामाजिक न्याय के बजाय उसकी उपयोगिता के पक्ष में खड़ी दिखाई देती है। यह बुनियादी तौर पर ही गलत तर्क है। यह आश्चर्य की बात है कि जिस निर्देशक ने अपने शुरुआती दौर में ही दामुल जैसी संवेदनशील और सटीक फिल्म बनाई वह आरक्षण जैसे महत्त्वपूर्ण मुद्दे का न्यायसंगत चित्रण अपनी इस फिल्म में नहीं कर पाया। संविधान द्वारा आरक्षण के प्रावधान का आधार सामाजिक और शैक्षिणिक पिछड़ापन है। संविधान निर्माताओं ने जाति पर आधारित सामाजिक व्यवस्था की जमीनी सच्चाइयों को आधार मानकर ही आर्थिक पिछड़ेपन को आधार स्वीकार नहीं किया, लेकिन प्रकाश झा ने इस महत्त्वपूर्ण तथ्य को दरकिनार कर पूरी फिल्म को आरक्षण बनाम कम्पटीशन फीस के मुद्दे पर ही उलझा दिया। इसकी वजह से फिल्म तो कमजोर बनी ही, आरक्षण जैसे महत्त्वपूर्ण मुद्दे की गम्भीरता में भी कमी आई। फिल्म को व्यावसायिक रूप से सफल बनाने की होड़ में प्रकाश झा ने सरोकार के बजाय मनोरंजन को प्राथमिकता दी लेकिन इस बात का ध्यान उन्हें रखना चाहिए था कि भले ही सरोकारों पर मनोरंजक फिल्में बनाई जा सकती हैं, लेकिन मनोरंजन के लिए ईमानदार सरकारों से समझौता नहीं किया जा सकता। इस फिल्म से देश भर में गलत सन्देश गया है, जिसका असर आनेवाले समय में किसी-न-किसी रूप में दिखाई दे सकता है। सिनेमा का उद्देश्य मनोरंजन हो या सरोकारों की आलोचना वह हमेशा ईमानदार दृष्टिकोण की मांग करता है। दुनिया भर में आज भी विवाद जारी है लेकिन सिनेमा की ताकत निर्विवाद है। फिल्म निर्माताओं का यह समझना भारत जैसे देश के लिए ज़रूरी है, जहाँ जाति, धर्म और लिंग जैसे गम्भीर मुद्दों पर बगैर किसी वाजिब कारण के भी भयानक दंगे-फसाद हो जाते है!

पहले सोच को स्वच्छ कर लो !

प्रधानमन्त्री मोदी का स्वच्छता अभियान आजकल जोरों पर है। यह टीवी चैनल, अखबार और सोशल मीडिया की सभी साइट्स पर प्रमुखता से मौजूद है। इस पर हर जगह हर वर्ग में चर्चा जारी है। अपनी सुविधानुसार इस विषय पर लोगों की राय भी सामने आई है। स्वच्छता की मुहिम के इस अभियान में आजकल एक विज्ञापन छाया हुआ है। यह माध्यम काफी बड़ा है, जिसकी पहुँच अधिकांश वर्ग तक है। इस विज्ञापन में वरिष्ठ और अति सम्मानित फिल्म कलाकार अनुपम खेर देशवासियों से सफाई की अपील करते हुए कहते हैं—'कुछ तो शर्म कर लो, सोच स्वच्छ कर लो।'

इस विज्ञापन की विशेषता यह है कि इसके किरदार में दो महिलाएँ और एक पुरुष है। अगर लघुशंका करते हुए दिखाया नहीं जाता, तब यह तीसरी भी महिला ही होती, क्योंकि भद्र समाज की ऐसी मान्यता आज भी है कि कचरा फैलाने या गन्दगी करने का काम गरीब दलित वर्ग विशेषकर उनकी महिलाएँ ही करती हैं। ये छोटी जात के लोग यूँ नहीं सुधर सकते कहीं भी बैठ जाते हैं। यह ऐसा ब्रह्म वाक्य है जिसे हर गरीब दलित ने अक्सर सुना है। इस विज्ञापन में जो बात गौर करने लायक है, वह यह कि, जो वर्ग गन्दगी फैलानेवाले इस दल में शामिल हैं वह शहर में मन्नू आंटी और गाँव में लक्ष्मी भाभी व सुखिया भैया सब निम्न या निम्न मध्यवर्ग का हिस्सा हैं। मन्नू आंटी जो कचरा अपनी पहली मंजिल के घर के नीचे फेंक देती हैं, वह कचरे के डब्बे में न गिरकर उसके बगल में गिर जाता है। इस पर वहाँ जमा बच्चे ताली बजाते हैं और वे शर्मिन्दा होती हैं। शर्मिन्दा होने की बात यह भी होनी चाहिए थी कि वहाँ कचरा पड़ा-पड़ा सड़ जाता है लेकिन उठाया नहीं जाता। शहरों में कचरा प्रबन्धन की निश्चित व्यवस्था गरीब अनधिकृत रिहायशी इलाकों के लिए कभी बनी ही नहीं। हालात बदतर होने पर बीमारियों के फैलने के डर से और लोगों की बार-बार

शिकायत पर कार्पोरेशन कभी-कभार कचरा उठाने का काम कर देती है लेकिन यह काम भी तभी किया जाता है जब कोई बड़ा नेता उस बस्ती में आता है या कोई बड़ी दुर्घटना हो जाती है।

गाँव की लक्ष्मी भाभी तालाब में बर्तन धोने जाती है और घर का कचरा उसमें डाल देती है। दूसरे किनारे बैठी औरतें ताली बजाती हैं और लक्ष्मी भाभी शर्मिन्दा हो जाती है। लक्ष्मी भाभी का डाला हुआ कचरा तो मछलियाँ खा लेंगी। साथ ही तालाब का कोई नुकसान भी नहीं होगा लेकिन इससे यह तो साफ पता चलता है कि गाँव के घरों में पानी की व्यवस्था ही नहीं है। भारत में ऐसे गाँव कम ही हैं, जहाँ घरों में पानी के नल लगे हैं। दलितों के घरों में तो कतई नहीं, जो आज भी गाँव के बाहर रहते हैं। सुखिया भैया बस स्टाप के पास बैठे शौच करते हैं। इतने में बस आ जाती है। भैया जब बस में सवार होते हैं तब बस में बैठे लोग और कंडक्टर ताली बजाते हैं। उन्हें हार भी पहनाया जाता है और वे शर्मिन्दा होते हैं। भारत के गाँवों में तो क्या शहरों में भी पर्याप्त सार्वजनिक शौचालय नहीं हैं। जो गिने-चुने हैं भी वे इतने गन्दे हैं कि कोई उनके आस-पास भी नहीं फटकता। इसलिए कोई भी पुरुष चाहे गाँव या शहर का गरीब हो या मर्सिडीज कार का मालिक, सभी खुले में जहाँ-तहाँ शौच करते हैं। फिर पूरा देश सुखिया भैया पर क्यों हँसे? उन्हें क्यों शर्मिन्दा करे ?

यह वर्ग तो गलती किए बगैर भी शर्मिन्दा किया जाता रहा है। मूलभूत सुविधा के अभाव में आज तक अपनी जान और सम्मान को दाँव पर लगाता रहा है। गन्दगी में जीता है और गन्दगी में ही मर जाता है। यह सदियों पुराना दर्द है जो ब्राह्मणवादी सोच से ही जन्मा, जिसका एकमात्र कारण वे हिन्दू धार्मिक मान्यताएँ हैं जो दलितों और स्त्रियों को आज भी सभी मानवाधिकारों से वंचित रख नाकाबिले-बर्दाश्त अन्याय सहते रहने को मजबूर कर रही हैं।

इस बात को स्वीकार करना ज़रूरी है कि गन्दगी भी एक सामाजिक समस्या है जो गरीबी और अन्याय से जुड़ी हुई है। भारत में 53 प्रतिशत घरों में शौचालय नहीं है। गाँव हो या शहर सभी जगह के सरकारी स्कूलों, अस्पताल, रेलवे स्टेशन, और लम्बी रेल की पटरियों के आस-पास गरीब रिहायशी इलाकों में बसी घनी आबादी के लिए पर्याप्त साफ शौचालय नहीं है। पानी की कमी, खुले नल, कचरे के हर जगह ढेर, जिस पर मक्खी, मच्छर पलते हैं, इन सभी जगहों की भयानक सच्चाई है। जिससे यह वर्ग हर वक्त संघर्ष करता है, इसी कारण

इन इलाकों में हर वक्त बड़ी संख्या में लोग बीमार रहते हैं। साधारण बीमारियों से भी बच्चों की मौत हो जाती है। ऐसे इलाकों का मृत्यु दर अन्य जगहों से कहीं ज़्यादा है। हैजा, मलेरिया, टाइफाइड, पीलिया जैसी बीमारियों के अलावा टीबी जैसी संक्रामक बीमारियों से पीड़ित लोग यहाँ रहते हैं। इससे बच पाना और लगातार लड़ते रहना आसान नहीं है।

इस बात को अब सभी देशवासियों को ईमानदारी से स्वीकार करना चाहिए कि गन्दगी साफ करने के लिए हिन्दू धर्म ने एक जाति विशेष का निर्माण किया, जिसकी सजा एक बड़ा वर्ग आज भी भुगत रहा है। इसका दर्जा समाज में सबसे निचला है, जिसके पास न शिक्षा है, न ही कोई बुनियादी सुविधाएँ। आज भी हाथों से सिर पर मैला ढोने की प्रथा कई शहरों में बदस्तूर जारी है। करीब दो लाख से भी ज़्यादा सफाई कर्मचारी यह घृणित काम करते हैं। दूसरे अन्य विकल्प के न रहते और जागरूकता की कमी के कारण यह वर्ग मजबूर है। हम सभी की आँखों के सामने रोज सुबह-सवेरे गली-मोहल्ले और शहरी कालोनियों में कितनी सारी महिलाएँ सड़क झाड़ने और घर-घर से कूड़ा उठाने का काम करती हैं। उस भयंकर बदबू मारते कूड़े में कितनी गन्दगी होती है, जिसे न चाहते हुए भी वे अपने हाथों से उठाती हैं। न तो उनके पास दस्ताने होते हैं न ही जूते। इस काम के उन्हें इतने कम पैसे मिलते हैं, जिससे उनके परिवार का गुजारा भी नहीं हो पाता। इसलिए उनके घर के पुरुष और बच्चे भी पढ़ाई छोड़कर कचरा बीनते हैं। समूचा परिवार ही गन्दगी में जीता है। गन्दगी से देश के करोड़ों गरीबों का दर्द जुड़ा है, जिसे समझने के लिए वैज्ञानिक दृष्टि की ज़रूरत है। गरीब की गन्दगी और अमीर की गन्दगी में जमीन आसमान का फर्क है। गन्दगी कचरा प्रबन्धन को एक बड़ा उद्योग बनाती है, जिससे बड़ा पैसा जुड़ा हुआ है। आज इसमें कुछ प्रभावशाली उद्योगपति शामिल हैं, जो इस उद्योग से बहुत पैसा कमाते हैं, लेकिन उन कामगारों के स्वास्थ्य की फिक्र नहीं करते जिसकी बदौलत वे इतना पैसा कमाते हैं, क्योंकि कचरा उठाना असंगठित क्षेत्र का हिस्सा है।

गंगा ही नहीं, देश की सभी नदियों के मुहाने पर बने बड़े उद्योग पूरा देश दूषित कर रहे हैं। इंन नदियों के पानी से जो सिंचाई होती है वह धीमा जहर फैलाती है। सिर्फ पानी ही नहीं, हवा भी इतनी दूषित हो गई है जो पूरे देश को चपेट में ले रही है। इससे कैंसर जैसी जानलेवा बीमारियाँ तेजी से बढ़ रही हैं। बढ़ते प्रदूषण

से पर्यावरण और समूची इनसानियत आज खतरे में है। बेहतर होता अगर इन सच्चाइयों को स्वीकारते हुए विज्ञापन बनाया जाता।

डॉ. अम्बेडकर पहले ऐसे भारतीय थे जिन्होंने दलित वर्ग और महिलाओं की सफाई के लिए स्नानगृह और शौचालय की व्यवस्था को सरकार की जिम्मेदारी मानकर इसके लिए कानूनी व्यवस्था की। डॉ. अम्बेडकर दलितों और स्त्रियों के अधिकारों के प्रति बेहद संवेदनशील थे। वे उनकी सभी समस्याओं से पूरी तरह वाकिफ थे। वे जानते थे कि गरीब बस्तियों में पानी, शौच और गन्दगी की समस्या कितनी भयानक है। दलित स्त्रियाँ भी बड़ी संख्या में मजदूरी करती हैं। वे जब 20 जुलाई, 1942 में वाइसरॉय की काउन्सिल में बतौर श्रम सदस्य शामिल किए गए तब यह शायद संयोग ही था कि वे उस वक्त नागपुर में प्रथम अखिल भारतीय दलित महिला अधिवेशन की अध्यक्षता कर रहे थे। अपने चार साल (1942- 1946) के कार्यकाल में उन्होंने श्रम कानून को बदल डाला। पहली बार देश में श्रमिक वर्ग के अधिकार को सर्वोच्च प्राथमिकता दी गई। इस क्रम में सभी क्षेत्रों में मजदूरी करनेवाले स्त्री-पुरुष के लिए कई नई योजनाओं को लागू किया गया। कोयला खदानों के मजदूरों की स्थिति बेहद दयनीय थी और जिन हालात में वे काम करते वे अत्यन्त खतरनाक थे। हालात इतने खराब थे कि वहाँ पानी की व्यवस्था भी नहीं थी, जिस पर कोई खर्च नहीं आता। मजदूर खदानों के बीच में जहाँ कहीं भी पानी के झरने थे वहीं से पानी पीते। उनके लिए आराम करने और शौच की कोई व्यवस्था नहीं थी। इस व्यवस्था को देख डॉ. अम्बेडकर बहुत व्यथित हुए। उन्होंने 31 जनवरी, 1944 को कोयला खदान श्रमिक कल्याण फंड की स्थापना की जिसे आर्डिनेंस के रूप में पास किया गया। इस फंड के लिए उस वक्त प्रति टन कोयले पर 25 पैसे टैक्स लगाया गया जो सभी खदानों पर लागू किया गया। जिसे बाद में बढ़ाया भी गया जमा राशि को केवल श्रमिकों के लिए बेहतर सुविधाएँ उपलब्ध किए जाने के काम में ही इस्तेमाल में लाया गया। अन्य सुविधाओं में स्त्री-पुरुष श्रमिकों के लिए अलग आरामघर, स्नानगृह और शौचालय के अलावा बालवाड़ी की भी व्यवस्था शामिल थी ताकि उनके बच्चे भी स्वस्थ और सुरक्षित वातावरण में रह सकें।

डॉ. अम्बेडकर ने खदान मालिकों पर इस बात की जिम्मेदारी डाली कि वे श्रमिकों के लिए सभी बुनियादी ज़रूरतों को पूरा करने के लिए पर्याप्त कदम

उठाएँ। उनका मानना था कि सभी श्रमिकों की साफ-सफाई उनके स्वास्थ्य के साथ-साथ उनके यह सम्मान के लिए भी ज़रूरी है। वे चाहते थे कि सभी श्रमिक काम के बाद साफ-सुथरे घर जाएँ। अगर सम्भव हो तो साफ-सुथरे कपड़े पहनकर। डॉ. अम्बेडकर गरीबी से जुड़ी तमाम समस्याओं के प्रति गम्भीर थे। वे जानते थे कि गन्दगी एक सामाजिक समस्या है जिसे सिर्फ गरीबी दूर करने से ही दूर किया जा सकता है। सरकार को विशेष तौर पर कानून बनाना चाहिए। उसके लिए फंड निर्धारित किया जाना चाहिए। जागरूकता के लिए विशेष प्रयत्न किए जाने चाहिए। सरकार के साथ समूचे उद्योग की भी जिम्मेदारी निर्धारित की जाए जिसके लिए अगर ज़रूरी हो तो कानून भी बनाया जाना चाहिए। आज भारत के सभी शहरों में आधी से ज़्यादा आबादी झुग्गी-झोंपड़ियों में रहती है, जहाँ कोई बुनियादी सुविधा नहीं है। सरकार को महँगे विज्ञापनों के बजाय गरीबी उन्मूलन और विकास के साथ-साथ गरीब नागरिकों के लिए ऊँची शिक्षा और स्वास्थ्य के कार्यक्रम भी बनाने चाहिए। साथ ही कचरा प्रबन्धन को बेहतर बनाने और उसे नई दृष्टि देने का काम भी करना चाहिए। इससे जुड़े लोगों के हितों की रक्षा कर सके, उसे समझे, उसका अध्ययन करे, उसका वर्तमान स्वरूप बदलकर उसे मानवीय बनाए। जो पूँजीपति वर्ग इस उद्योग से जुड़ा है उस पर इस बात की जिम्मेदारी डाले कि इस व्यवसाय पर आश्रित वर्ग जिसमें 30 प्रतिशत छोटे बच्चे हैं, उनकी साफ-सफाई, शिक्षा और बेहतर जीवन को प्राथमिकता दे। अगर ज़रूरी हो तो डॉ. अम्बेडकर की ही तरह ऐसे सभी क्षेत्रों में श्रमिक कल्याण फंड की स्थापना के लिए कानून बनाए।

सामाजिक क्रान्तिकारी

सूरा को पहचानिए लो लड़े दीन के हेत
पुर्जा-पुर्जा कट मरे तबहू न छाड़े खेत।

—गुरु गोविन्द सिंह जी

सावित्रीबाई फुले का संघर्ष और क्रान्ति

सावित्रीबाई फुले (3 जनवरी, 1831—10 मार्च, 1897) के संघर्षों पर आज भारतीय स्त्री संगठनों में चर्चा की जा रही है। लगभग डेढ़ सौ साल पहले सावित्रीबाई फुले ने पितृसत्ता और स्त्री विरोधी मान्यताओं को ध्वस्त कर स्त्री मुक्ति की जो परिभाषा गढ़ी वह सदियों तक सम्मानित की जाती रहेगी। तमाम भारतीय दलित महिला आन्दोलन के साथ-साथ डॉ. अम्बेडकर के लिए भी सावित्रीबाई का संघर्ष उनका मार्गदर्शक रहा है।

अपने खेत में आम के पेड़ तले जब जोतिबा ने उसी पेड़ की एक टहनी से दो कलम बनाकर सावित्रीबाई और अपनी मौसेरी बहन सगुणाबाई को देकर जमीन पर पहला अक्षर लिखने को कहा तब शायद ही उन्होंने सोचा होगा कि वे भारत में स्त्री शिक्षा की नींव रख रहे हैं। जब सावित्रीबाई ने उसी आम की टहनी से बनी कलम से जमीन पर पहला अक्षर लिखा तब वे भी कहाँ जान पाई होंगी कि वे एक अक्षर नहीं बल्कि नया इतिहास लिखने जा रही हैं।

सावित्रीबाई ने स्वयं अपनी शिक्षा बेहद संघर्षों के बाद पूरी की। उस समय पुणे जैसे ब्राहमणवादी मान्यताओं में जकड़े शहर में एक पिछड़े वर्ग की स्त्री का शिक्षा हासिल करना लगभग असम्भव था। 1840 में पुणे की छबीलदास हवेली में स्थित ब्रिटिश महिला मिसेज मिशेल द्वारा विशेष रूप से लड़कियों के लिए खोले गए नार्मल स्कूल में उन दोनों ने पढ़ाई शुरू की। सावित्रीबाई को पढ़ने का बहुत शौक था। उसी दौरान उन्होंने प्रसिद्ध अफ्रीकी अमेरिकन लेखक टॉमस क्लार्कसन की जीवनी को पढ़ा, जिसका उन पर गहरा प्रभाव पड़ा। इसी किताब से उन्हें अमेरिका में बसे अफ्रीकी गुलामों के जीवन और संघर्षों की जानकारी मिली, जो भारत में दलितों और स्त्रियों के गुलाम जीवन को समझने में सहायक साबित हुई। सावित्रीबाई को यह जानते देर नहीं लगी कि शिक्षा ही

गुलामी की जंजीरें तोड़ सकती हैं। टॉमस क्लार्कसन भी दुनिया भर में अपनी बात प्रभावी ढंग से इसीलिए पहुँचा पाए क्योंकि वे शिक्षित थे।

फुले दम्पति ने 1 जनवरी, 1848 में पुणे की भिड़ेवाड़ी में लड़कियों के लिए भारत का पहला स्कूल खोला। इसी स्कूल से सावित्रीबाई और सगुणाबाई ने अध्यापन का काम शुरू कर भारत की पहली महिला अध्यापिका होने का गौरव हासिल किया। फुले दम्पति यह अच्छी तरह से जानते थे कि शिक्षा ही विकास के रास्ते खोल न्याय का मार्ग प्रशस्त कर सकती है। शिक्षित स्त्री-पुरुष ही संघर्ष को दिशा दे सकते हैं। स्त्री के साथ ही दलितों के लिए भी शिक्षा ज़रूरी है। इसी को ध्यान में रखकर 15 मई, 1848 को उन्होंने पुणे की एक दलित बस्ती में स्कूल खोला, जहाँ दलित लड़के-लड़कियाँ पढ़ने लगे। इस स्कूल में पढ़ाने के लिए जब कोई अध्यापक नहीं मिला तब सावित्रीबाई और सगुणाबाई ने वहाँ भी पढ़ाना शुरू किया।

स्त्री और दलितों की शिक्षा के प्रति फुले दम्पति की प्रतिबद्धता किसी जूनून से कम नहीं थी। लगातार पैसे की कमी के बावजूद वे समर्पित भाव से इस काम में लगे रहे। पुणे की भिडेवाड़ी में 1 जनवरी, 1848 में भारत का लड़कियों के लिए पहला स्कूल खोलने के बाद मात्र 4 साल के भीतर ही 15 मार्च, 1852 तक उन्होंने पुणे शहर और उसके आस-पास 18 स्कूल खोले, जहाँ सभी विद्यार्थियों को नि:शुल्क शिक्षा दी जाती थी। सावित्रीबाई द्वारा पढ़ाए गए न जाने कितने ही छात्रों के जीवन में भारी परिवर्तन आया। इन्हीं स्कूलों में पढ़नेवाली दो छात्राओं का जिक्र यहाँ ज़रूरी है। इनमें मुक्ताबाई साल्वे द्वारा लिखा गया निबन्ध 'मांग महारों का दु:ख' के विषय में और ताराबाई शिन्दे लिखित 'स्त्री-पुरुष तुलना' आज आधुनिक भारतीय स्त्रीवादी विमर्श का महत्त्वपूर्ण हिस्सा है। जिस वक्त मुक्ताबाई ने इस निबन्ध को लिखा था तब उनकी उम्र मात्र 14 साल थी। इस निबन्ध को पढ़कर जाना जा सकता है कि उनकी सोच सामाजिक विषमता जैसे कठिन विषय पर कितनी संवेदनशील और गहरी थी।

फुले दम्पति द्वारा चलाए जानेवाले सभी स्कूलों में विद्यार्थियों के समग्र विकास को ध्यान में रखकर जो पाठ्यक्रम निर्धारित किया गया उसमें व्याकरण, गणित, भूगोल, एशिया-यूरोप व भारत के नक्शों की जानकारी, मराठों का इतिहास, नीतिबोध और बालबोध जैसी पुस्तकें शामिल थीं। इसकी प्रशंसा उस वक्त ब्रिटिश अधिकारियों द्वारा भी की गई। पुणे विश्वविद्यालय के मेजर कैन्डी

ने इस विषय पर अपने वृत्तान्त में लिखा कि इन स्कूलों में पढ़ रहे विद्यार्थियों, विशेषकर लड़कियों, की लगन और कुशाग्र बुद्धि देखकर मुझे बहुत सन्तोष हुआ। इन स्कूलों में शिक्षा का स्तर काफी ऊँचा है। शिक्षा के क्षेत्र में सावित्रीबाई के अभूतपूर्व योगदान के लिए 1892 में राज्य शिक्षा विभाग द्वारा जोतिबा के साथ ही उन्हें भी सम्मानित किया गया।

सावित्रीबाई और जोतिबा ने शूदों और अति शुद्रों के अलावा अल्पसंख्यक वर्ग के स्त्री-पुरुषों की शिक्षा को भी जरूरी माना। अपने ही स्कूल की छात्रा फातिमा शेख को एक स्कूल में अध्यापिका बनाकर देश की पहली मुसलमान अध्यापिका होने का गौरव प्रदान किया। फातिमा शेख फुले दम्पति के आन्दोलन की एक महत्त्वपूर्ण कड़ी के रूप में जानी जाती हैं। परिवर्तन और सामाजिक न्याय में धर्मनिरपेक्ष सोच का भी शामिल होना जरूरी है। यह लड़ाई तभी सफल होगी जब सभी जाति और धर्म की स्त्री शिक्षित होगी। सावित्रीबाई जब तक जीवित रहीं तब तक इसी विचार के साथ मजबूती से जुड़ी रहीं और इसके लिए उन्हें बराबर स्त्री विरोधी ताकतों से लड़ना पड़ा।

सावित्रीबाई को भारत की पहली स्त्री शिक्षिका होने का ही नहीं, बल्कि नारी मुक्ति आन्दोलन की पहली नेता का भी गौरव हासिल है। 1892 में उन्होंने महिला सेवा मंडल के रूप में पुणे की विधवा स्त्रियों के आर्थिक विकास के लिए देश का पहला महिला संगठन बनाया। इस संगठन की हर 15 दिनों में होनेवाली बैठकों में सावित्रीबाई स्वयं सभी गरीब दलित और विधवा स्त्रियों से चर्चा करतीं, उनकी समस्याएँ सुनतीं और उसे दूर करने का उपाय भी सुझातीं। छोटे-छोटे ऐसे कई उद्योगों, जिसका प्रबन्धन उन अशिक्षित महिलाओं द्वारा हो सके, की जानकारी उन्हें देतीं। सावित्रीबाई यह अच्छी तरह से जानती थीं कि सामाज से निष्कासित इन स्त्रियों का जीवन सुरक्षित नहीं है। उनका सम्मान से जीवित रहना बड़ी चुनौती है। इसके लिए उनका आर्थिक रूप से आत्मनिर्भर होना ही एकमात्र उपाय है। इसके लिए उन्होंने कई धार्मिक मान्यताओं को तोड़ा और स्त्रियों को अपने बुनियादी अधिकारों के लिए जागरूक किया। स्त्री की सदियों पुरानी शारीरिक और मानसिक रूप से गुलाम छवि को ध्वस्त कर उन्हें स्वतंत्र इंसान के रूप में जीने के लिए प्रेरित किया। स्त्री केवल श्रम और देह ही नहीं, बल्कि स्वतत्र विचार रखनेवाली पुरुष के समान इंसान है। समाज को यह सोचने पर विवश कर जोतिबा के परिवर्तनवादी आन्दोलन में पूरा सहयोग दिया।

जोतिबा के समय में पुणे शहर की पहचान विधवा स्त्रियों के प्रति यौन हिंसा के केन्द्र के रूप में थी, जहाँ अक्सर गर्भवती विधवा स्त्रियाँ आत्महत्या करने पर मजबूर हो जातीं। फुले दम्पत्ति ने 28 जनवरी, 1853 में अपने पड़ोसी मित्र और आन्दोलन के साथी उस्मान शेख के घर में बाल हत्या प्रतिबन्धक गृह की स्थापना की जिसकी पूरी जिम्मेदारी सावित्रीबाई ने सम्भाली। वहाँ सभी बेसहारा गर्भवती स्त्रियों को बगैर किसी सवाल के शामिल कर उनकी देखभाल की जाती। उनकी प्रसूति कराकर बच्चों की परवरिश की जाती, जिसके लिए वहीं पालनाघर भी बनाया गया।

यह समस्या कितनी विकराल थी इसका अन्दाजा इसी बात से लगाया जा सकता है कि मात्र 4 सालों के अन्दर ही 100 से अधिक विधवा स्त्रियों ने इस गृह में बच्चों को जन्म दिया। इनमें अधिकांश स्त्रियाँ ब्राह्मण थीं। 1873 में ऐसी ही एक ब्राह्मण विधवा स्त्री काशीबाई की प्रसूति स्वयं सावित्रीबाई ने की और उसके बेटे को गोद ले लिया। उसका नाम यशवन्त रख उसकी परवरिश जिम्मेदारी के साथ पूरी की। उनका यही बेटा बाद में चलकर डॉक्टर बना और फुले दम्पति के आन्दोलन को आगे बढ़ाने में उसका महत्त्वपूर्ण योगदान रहा।

सन् 1874 का वर्ष जोतिबा के लिए महत्त्वपूर्ण था जब उन्होंने 'सत्यशोधक समाज' की स्थापना कर एक नई वैकल्पिक सामाजिक व्यवस्था की अवधारणा को साकार करने का निर्णय लिया। इस नए समाज में शूद्र-अतिशूद्र और स्त्रियों के साथ ही कई समता और परिवर्तनवादी सोच के व्यक्ति शामिल हुए। इस समाज की रूपरेखा और दर्शन की रचना में सावित्रीबाई की बराबर की हिस्सेदारी थी। सन् 1890 में जोतिबा की मृत्यु के बाद सन् 1893 तक 'सत्यशोधक समाज' की बागडोर सावित्रीबाई को सौंपी गई। उन्हें सर्व सम्मति से अध्यक्ष चुना गया। सावित्रीबाई ने 4 सालों तक सत्यशोधक समाज का प्रबन्धन कुशलता से किया। सन् 1896 में महाराष्ट्र में पड़े सूखे के दौरान सत्यशोधक समाज के कार्यकर्ताओं के साथ मिलकर वे रात-दिन लोगों की मदद करती रहीं। अगले ही वर्ष 1897 में पुणे शहर में प्लेग की महामारी फैल गई जब अधिकांश लोग शहर छोड़कर भाग गए। सावित्रीबाई और उनके पुत्र वहीं रहकर बीमार लोगों की सेवा करते रहे। प्लेग से संक्रमित एक व्यक्ति को कोई मदद न मिलने पर स्वयं सावित्रीबाई अकेले ही उसे अपने कन्धों पर उठाकर यशवन्त के अस्पताल ले गईं। उसी दौरान वे स्वयं भी संक्रमण की चपेट में आ गईं और इसी कारण उनकी मृत्यु हो गई। सावित्रीबाई

अपने जीवन के अन्तिम दिन 10 मार्च, 1897 तक इन्सानियत के लिए संघर्ष करती रहीं।

आज़ादी के 73 साल के बाद और शिक्षा के अधिकार को सभी भारतीयों के बुनियादी अधिकार के रूप में स्वीकारे जाने के बावजूद दलित, आदिवासी, पिछड़े और अल्पसंख्यक वर्गों की महिलाओं में शिक्षा की भारी कमी है। आज लगभग 68 प्रतिशत दलित महिलाएँ अशिक्षित हैं और वे हर क्षेत्र में पिछड़ी हैं। पंचायत से संसद तक में दलित-आदिवासी-पिछड़ी और अल्पसंख्यक महिलाओं की भागीदारी की ज़रूरत है, जो बड़े संघर्ष के बगैर सम्भव नहीं। महिला आरक्षण बिल पर आज भी विवाद जारी है। हाल ही में भाजपा शासित राजस्थान और हरियाणा सरकार ने एक प्रस्ताव पारित कर मैट्रिक पास स्त्री-पुरुषों को ही चुनाव लड़ने की इजाजत दी है। अशिक्षित इस प्रक्रिया में चुनाव लड़ने से वंचित हो गए हैं। इस प्रस्ताव में न केवल राजस्थान और हरियाणा सरकार, बल्कि सुप्रीम कोर्ट ने भी जमीनी सच्चाई को अनदेखा कर देश के करोड़ों नागरिकों के साथ अन्याय किया है।

देश भर में तेजी से उभरते उग्र हिन्दुत्ववादी विचारधारा का दायरा आज निस्सन्देह बढ़ा है, लेकिन फुले-अम्बेडकरवादी चिन्तन भी भारतीय प्रगतिशील दलित और महिला आन्दोलन में सभी जगह प्रमुखता से मौजूद है और उसका नेतृत्व कर रहा है। इस पर गम्भीर चर्चा हो रही है और उसका विस्तार मुख्यधारा के संघर्ष और विमर्श में शामिल हो रहा है। सावित्रीबाई का संघर्ष, उनका स्त्रीवादी चिन्तन स्त्री संघर्षों के लिए इस समय तथा आनेवाले समय की सबसे बड़ी ज़रूरत है।

ब्राह्मणवाद के खिलाफ महात्मा जोतिबा फुले का संघर्ष

ब्रिटिश काल में सामाजिक न्याय की सबसे बड़ी लड़ाई लड़नेवाले महान योद्धा महात्मा जोतिबा राव फुले का स्थान भारतीय सामाजिक क्रान्तिकारियों में सबसे महत्त्वपूर्ण है। हजारों वर्षों से भारत में शूद्रों, अतिशूद्रों और स्त्रियों पर होनेवाले अत्याचारों के विरुद्ध उनके संघर्षों के कारण ही ब्रिटिश राज में परिवर्तन आने शुरू हुए और अंग्रेज शासकों द्वारा नए कानून बनाए गए। जोतिबा ने भारतीय समाज की सबसे बड़ी बीमारी जाति व्यवस्था और उसकी जड़ ब्राह्मणवाद को न केवल समझा बल्कि उस पर जबरदस्त प्रहार भी किया जो परिवर्तनवादी जन आन्दोलन के इतिहास में स्वर्ण अक्षरों में दर्ज है। इसी कारण डॉ. अम्बेडकर ने उन्हें अपना गुरु माना और उनके सामाजिक दर्शन को अपने आन्दोलन का मुख्य आधार बनाया। ब्राह्मणवाद और पुरोहित वर्ग दोनों से ही जोतिबा का संघर्ष तब तक चलता रहा, जब तक वे जीवित रहे। उनके आन्दोलन का केन्द्र हिन्दू धर्म की वह तमाम कुरीतियाँ और परम्पराएँ थीं, जो सदियों से ब्राह्मणवाद की पोषक रही हैं और जिनके कारण ही देश के बहुसंख्यक नागरिक वर्ग को शिक्षा समेत सभी मानवाधिकारों से सदियों तक वंचित रहना पड़ा।

ब्राह्मणों, विशेषकर पुरोहितों, ने अपने हितों को सुरक्षित रखने के लिए ही वर्ण व्यवस्था की स्थापना की थी। अन्ततः पीड़ित बहुसंख्यक जनता, प्रत्यक्ष या परोक्ष रूप से इसका विरोध करती रही। वर्ण व्यवस्था से लाभ उठानेवाला दूसरा वर्ग शासकों का था, जिन्होंने पुरोहितों के हितों को अगर बढ़ाया नहीं तो घटाया भी नहीं। अंग्रेज शासकों ने भी उसी नीति का अनुसरण किया। उनके द्वारा ब्राह्मणों के बीच शिक्षा को प्रोत्साहित करने के लिए जो कुछ किया गया उसका लिखित प्रमाण उपलब्ध है। बरतानिया सरकार भी ब्राह्मणों को तुष्ट करने और उनका सहयोग प्राप्त करने में अपने पूर्ववर्ती शासकों से पीछे नहीं

रही। उनकी मान्यता थी कि साम्राज्य के स्थायित्व के लिए यह ज़रूरी है। अन्ततः 1813 के चार्टर एक्ट में शिक्षा पर खर्च करने के लिए जो एक लाख रुपये का प्रावधान किया गया था उसका एक अंश ब्राह्मणों की शिक्षा पर खर्च किया जाने लगा। बनारस संस्कृत महाविद्यालय की स्थापना (1791) से लेकर 1820-21 तक उसमें दिल्ली, आगरा और पुणे स्थित सभी महाविद्यालयों में भर्ती केवल छात्रवृत्ति प्राप्त विद्यार्थियों तक ही सीमित थी जो सभी ब्राह्मण थे। 1820-21 के बाद, मांग को देखते हुए, यद्यपि इन महाविद्यालयों में गैर-ब्राह्मण विद्यार्थियों की भी भर्ती होने लगी, पर छात्रवृत्ति केवल ब्राह्मण विद्यार्थियों को ही दी जाती रही। 1836 में इस योजना को समाप्त करने का निर्णय लिया गया। इसके परिणामस्वरूप जहाँ 1833 में दिल्ली महाविद्यालय में 431 छात्रों में से 377 छात्रों को छात्रवृत्ति मिलती थी, वहाँ 1840-41 में छात्रों की संख्या घटकर मात्र 155 रह गई। 1838 के बाद अंग्रेजी शासन ने 'फिल्ट्रेशन थियरी ऑफ इज एजुकेशन' के नाम से एक नई योजना की शुरुआत की जिसका उद्देश्य था कि पहले ऊपर के वर्ग यानी ब्राह्मणों को शिक्षित किया जाए। ऐसा करने से शिक्षा स्वतः ही निचले स्तर तक पहुँच जाएगी। अंग्रेज सरकार का जमीनी सच्चाइयों से कोई सरोकार नहीं था। अगर वे इस ओर जरा-सा भी ध्यान देते तो उन्हें यह समझते देर नहीं लगती कि जिस वर्ग ने सदियों से निम्नवर्ग को पढ़ने के अधिकार और अवसरों से बराबर वंचित रखा, भला वे क्योंकर उन्हें पढ़ाते। अन्ततः वह योजना बुरी तरह असफल रही। उसके बाद 1854 में 'वूड्स डिस्पैच' आया, जिसके अन्तर्गत सरकार ने जनता को शिक्षित करने का उत्तरदायित्व अपने ऊपर लिया। यह जिम्मेदारी किस प्रकार निभाई गई इसका साक्षी हंटर कमीशन (1881) में जोतिबा के द्वारा दिया गया वह प्रतिवेदन है, जिसमें कई जगह यह बताया गया है, कि किस प्रकार ब्राह्मण शिक्षकों और विद्यार्थियों ने निम्न वर्ग के गरीब विद्यार्थियों की शिक्षा के मार्ग में रोड़े अटकाए।

जोतिबा अशिक्षा, अज्ञानता और अन्धविश्वास को दलितों और स्त्रियों की मुक्ति में सबसे बड़ी बाधाएँ मानते थे। इसीलिए उनके सामाजिक संघर्षों में शिक्षा का स्थान सर्वोपरि था। वे सभी जातियों व धर्मों के गरीब, दलित और स्त्रियों की शिक्षा के सबसे बड़े हिमायती थे। इसके लिए उन्होंने विशेष रूप से पहला स्कूल स्त्रियों के लिए 1 जनवरी, 1848 में पुणे की भिड़ेवाड़ी में खोला, जो भारत में स्त्री शिक्षा का पहला स्कूल था। इसी स्कूल में अध्यापन का काम शुरू कर सावित्रीबाई देश की पहली स्त्री शिक्षिका बनीं। 15 मई, 1848 को पुणे की एक दलित बस्ती में दूसरा स्कूल खोला, जहाँ गरीब, दलित बच्चों को

पढ़ाया जाता था। जोतिबा ने 1855 में एक रात्रि पाठशाला आरम्भ की, ताकि दिन में काम करनेवाले स्त्री-पुरुष को शिक्षित किया जा सके। इसी पाठशाला में फातिमा शेख ने भी शिक्षा पाई, जिन्होंने आगे चलकर फुले दम्पति द्वारा चलाए जानेवाले एक स्कूल में अध्यापन का काम कर मुसलमान समाज की पहली स्त्री शिक्षिका होने का गौरव हासिल किया। दलितों में शिक्षा के विस्तार को ध्यान में रखकर जोतिबा ने पहला पुस्तकालय भी खोला।

जोतिबा धार्मिक कार्यों में ब्राह्मण पुराहितों की सहायता लेने के विरुद्ध थे। इसलिए जनमानस में चेतना के प्रसार के लिए उन्होंने दो पुस्तकें लिखीं—'पुरोहितों का पदार्फाश' (1867) और 'ब्रिटिश साम्राज्य में ब्राह्मणी वेश में गुलामी' (1873) पहली पुस्तक में जोतिबा ने बताया कि किस प्रकार जन्म से मरण तक विभिन्न कर्मकांडों द्वारा पुरोहित यजमानों का आर्थिक शोषण करते हैं और दूसरी पुस्तक में दिखाया गया कि किस प्रकार लोगों की अशिक्षा और अज्ञानता तथा अन्धविश्वास का लाभ उठाकर ब्राह्मणों ने शूद्रों और अतिशूद्रों को गुंलाम बनाए रखा है। उन्होंने 1872 में इसी आशय का एक घोषणापत्र भी प्रकाशित किया। जोतिबा सिर्फ पुस्तक लिखकर बैठ जानेवाले व्यक्ति नहीं थे, इसीलिए 24 सितम्बर, 1873 को उन्होंने अपने कार्यकर्ताओं की एक सभा आयोजित की, जिसमें मार्गदर्शन के लिए 'सत्यशोधक समाज' नाम से एक केन्द्रीय संगठन बनाया। बाद में कई स्थानों पर उसकी अन्य शाखाएँ स्थापित की गईं।

जोतिबा ने ब्राह्मण पुरोहित के बिना ही दो विधवा विवाह सम्पन्न कराए। पहला विवाह दिसम्बर 1873 में और दूसरा उसी के पाँच महीने बाद मई 1874 में। ब्राह्मणों ने विवाह रोकने के लिए क्या कुछ नहीं किया पर सफल न हो सके। इसके बाद जोतिबा के एक अनुयायी ने भी अपने बेटे का विवाह ब्राह्मण पुरोहित के बिना सम्पन्न कराया। इस पर पुरोहित मामले को न्यायालय में ले गया। अवर जज ने, जो स्वयं ब्राह्मण थे, उस पुरोहित के पक्ष में ही निर्णय दिया। इस निर्णय से खिन्न जोतिबा ने जिला न्यायाधीश के यहाँ अपील की। जिला न्यायाधीश ने निचले न्यायालय के फैसले के विरुद्ध निर्णय दिया। पुरोहित कहाँ हार माननेवाला था। उसने उस निर्णय के बाद मुम्बई उच्च न्यायालय में अपील दायर की परन्तु वहाँ भी वह हार गया। इस प्रकरण के बाद से पुणे का ब्राह्मणवर्ग पूरी तरह से जोतिबा के खिलाफ हो गया।

यहाँ इसी से मिलते-जुलते एक अन्य मुकदमे का जिक्र करना ज़रूरी है। 1878 पुणे में एक व्यक्ति ने अपने पुश्तैनी पुरोहित के बजाय अन्य पुरोहित से

अपने बेटे की शादी करवाई। प्रभावित पुरोहित ने महादेव गोविन्द रानाडे, जो उन दिनों पुणे में ही प्रथम श्रेणी के अवर जज थे, की न्यायालय में मुकदमा दायर किया। जिसमें दक्षिणा के अलावा हर्जाने की भी मांग की। रानाडे ने पुरोहित के पक्ष में निर्णय दिया और कहा कि वादी को बुलाना या न बुलाना प्रतिवादी की इच्छा पर निर्भर नहीं करता लेकिन बाद में जिला और उच्च दोनों ही न्यायोलयों ने न्यायमूर्ति रानाडे के इस फैसले को रद्द कर दिया अन्यथा इसके दूरगामी परिणाम घातक हो सकते थे। ब्राह्मण पुरोहितों के बिना वैध विवाह सम्पन्न नहीं हो सकते इस परम्परावादी दलील को अमान्य करनेवाला बम्बई न्यायालय तीसरा न्यायालय था। बंगाल तथा तत्कालीन पश्चिमोत्तर उच्च न्यायालय इसे पहले ही अस्वीकार कर चुके थे। बाद में मद्रास उच्च न्यायालय ने भी इसे नामंजूर कर दिया था, जिसके बाद तो यह विवाद का विषय ही नहीं रहा। जोतिबा के लिए यह बड़ी जीत साबित हुई।

विभिन्न भारतीय प्रान्तों में पहले से ही प्रचलित दक्षिणा प्रथा को अंग्रेज शासकों ने अपने शासनकाल में भी जारी रखा। उन्होंने दक्षिणा कोष की अधिकतम सीमा 50,000 रुपये वार्षिक तक निर्धारित कर दी। कई अन्य उपाय भी किए गए जिनसे दक्षिणा पानेवाले ब्राह्मणों की संख्या धीरे-धीरे कम होती गई। एक बार तय किया गया कि बची हुई राशि में से प्रतिवर्ष 20,000 रुपये पुणे महाविद्यालय को दिए जाएँगे, क्योंकि वहाँ अधिकतर ब्राह्मण ही पढ़ते-पढ़ाते थे। एक बार जब कोष में 3,000 रुपये अतिरिक्त बच गए तो पुणे के कुछ सुधारवादी ब्राह्मणों ने गवर्नर को आवेदन दिया कि इस बची हुई राशि को आधे-आधे भाग में बाँटकर संस्कृत और मराठी में मौलिक साहित्य तैयार करनेवाले साहित्यकारों को पारितोषिक के रूप में दे दिए जाएँ लेकिन पुणे के परम्परावादी ब्राह्मणों ने इसे जाति विरोधी मानकर इसके लिए पहल करनेवालों को दंडित करने के लिए एक समिति गठित की। सभा के लिए एक दिन भी निश्चित किया। जब समझाने से काम नहीं बना तब सुधारवादियों ने जोतिबा से भेंटकर मदद मांगी। जोतिबा ने तब कुछ दलित बस्तियों में से 200 हट्टे-कट्टे जवान लड़के जमा किए और जुलूस बनाकर निर्धारित स्थान पर पहुँचे। जोतिबा के साथ उन लोगों को देखकर, वहाँ जमा हुए ब्राह्मणों के होश उड़ गए, लेकिन जोतिबा के सुझावों पर उन्होंने अपनी सहमति दे दी और वे समझौते के लिए राजी हो गए। बाद में गवर्नर ने भी बची हुई राशि को साहित्य सृजन के कार्य पर खर्च किए जाने की अनुमति दे दी।

बड़ौदा राज में बहुत वर्षों से ब्राह्मणों को रोज मुफ्त खिचड़ी बाँटने की प्रथा चली आ रही थी। राजकोष से इस प्रथा पर प्रतिवर्ष एक मोटी रकम खर्च की जाती थी। जोतिबा ने 1884 में बड़ौदा महाराज को इसके सम्बन्ध में लिखा और उनसे जाकर मिले। उन्होंने महाराज को समझाया कि जब कठोर परिश्रम कर राजकोष भरनेवाले किसान भूखे-नंगे जीवन जी रहे हैं तब ब्राह्मणों पर इतना खर्च करना कहाँ तक उचित है। उसके बाद बड़ौदा राज में खिचड़ी बाँटने की प्रथा को समाप्त कर दिया गया।

जोतिबा के जीवनकाल में पुणे जिले में जमींदार और साहूकार प्राय: सभी ब्राह्मण थे। सरकारी कार्यालयों में भी निम्न और मध्यम स्तर पर काम करनेवाले सभी कर्मचारी ब्राह्मण थे। अत: गरीब दलित और पिछड़े वर्ग के लोगों को कहीं से भी न्याय नहीं मिलता था। जोतिबा ने इस स्थिति से निपटने के लिए दीनबन्धु नाम की एक पत्रिका निकाली। उसके बाद उन्होंने 'खेतिहरों की चाबुक' (1873) शीर्षक से एक पुस्तक लिखी, जिसमें गरीब किसानों की समस्याएँ, उसके कारण और निदान पर प्रकाश डाला गया। सरकारी कर्मचारियों के शोषण से गरीब जनता की रक्षा के लिए जोतिबा ने अपनी पुस्तक में यह मांग रखी कि सरकारी नौकरियों में ब्राह्मणों की नियुक्ति उनकी जनसंख्या के अनुपात से अधिक न की जाए। बाकी बचे स्थानों पर शूद्रों-अतिशूद्रों के होनहार युवकों को प्रशिक्षित कर नियुक्त किया जाए।

पुरोहितों के चुंगल से शूद्रों की रक्षा करने के लिए उन्होंने प्राइमरी शिक्षा को अनिवार्य बनाने की मांग की। जोतिबा ने शूद्रों, अतिशूद्रों और किसानों के कल्याण के लिए जो सुझाव उस वक्त दिए थे वे इतने वर्षों बाद आज कार्यान्वित किए जा रहे हैं जिनमें नदियों पर बाँध बाँधना, कुएँ खोदने के लिए सरकार द्वारा गरीबों को वित्तीय सहायता प्रदान करना, समय-समय पर प्रदर्शनी लगाकर स्वरोजगार के साधन उपलब्ध कराना, अच्छी नस्ल के मवेशियों का आयात करना तथा वैज्ञानिक ढंग से खेती की शिक्षा जनमानस तक पहुँचाना शामिल हैं। पुणे जिले की जुनार तहसील में 1884 में जोतिबा ने गरीब किसानों पर होनेवाले जुल्मों के विरोध में देश का पहला किसान सत्याग्रह किया जो सालभर तक चला और तभी समाप्त हुआ जब जमींदार, साहूकार और सरकार के प्रतिनिधियों ने स्वयं आकर जोतिबा से समझौता किया।

पानी का सवाल दलितों के जीवन का सबसे बड़ा सवाल रहा है। अपनी जमीन न होने के कारण उनका जल-संसाधनों पर कोई अधिकार नहीं था।

इसीलिए पानी हमेशा से ही उनकी पहुँच के बाहर रहा। जोतिबा ने 1860-1868 में दलितों के लिए अपने घर के पानी का हौद खोल दिया, जहाँ से सभी को पानी लेने की अनुमति थी।

दलितों के बीच चेतना जगाने और दलित नेतृत्व तैयार करने के लिए जोतिबा निरन्तर दलित बस्तियों में आया-जाया करते थे। जोतिबा भारतीय मजदूर आन्दोलन के जन्मदाताओं में प्रमुख थे। वे जब भी मुम्बई जाते तो अपने प्रवास के दौरान मजदूर बस्तियों में भी ज़रूर जाते। नारायणराव लोखंडे, जिन्होंने 1880 में देश का प्रथम मजदूर संगठन 'बाम्बे मिल हैंड्स एसोसिएशन' की स्थापना की थी, उनके अनुयायी और 'सत्य शोधक समाज' के प्रमुख सदस्य थे। 1889 में बम्बई नगरपालिका और अलीबाग नगरपालिका के दलित मजदूरों ने जो सफ़ल हड़ताल को थी वह भी जोतिबा के प्रयासों का ही नतीजा थी।

आज शिवाजी महाराज पर अपना दावा ठोकनेवालों को यह शायद ही याद हो कि जोतिबा ने ही रायगढ़ जाकर पत्थर और पत्तियों के ढेर तले दबी जीर्ण- शीर्ण अवस्था में पड़ी शिवाजी महाराज की समाधि को ढूंढ निकाला और उसकी मरम्मत भी करवाई। बाद में उन्होंने शिवाजी महाराज पर एक छन्दबद्ध जीवनी भी लिखी।

स्मृतियाँ और पुराण शूदों और स्त्रियों के खिलाफ वह अध्यादेश हैं जो उनके जीवन को पूरी तरह से नियन्त्रित करते हैं। उन्हें गुलामी में जीने के लिए बाध्य करते हैं। आज भी इनका असर भारत के सभी धर्मों पर समान रूप से दिखाई देता है। अस्पृश्यता, देवदासी प्रथा, सती प्रथा, बालविवाह, कन्याभ्रूण हत्या, बेगारी और विधवा विवाह पर पाबन्दी जैसी अनेक अमानवीय धार्मिक प्रथाएँ हैं, जो देश के लगभग सभी राज्यों में अगर आज जिन्दा हैं, तो इसके पीछे भी पुरोहित वर्ग का ही हाथ है। हालाँकि जोतिबा के समय में कानूनन सती प्रथा को बन्द किया जा चुका था और कहीं-कहीं विधवा विवाह होने लगे थे, पर महिलाओं की सामाजिक, शैक्षिक और आर्थिक स्थिति में कोई विशेष अन्तर नहीं आया था। जोतिबा ने विष्णु शास्त्री पंडित द्वारा चलाए जा रहे विधवा विवाह आन्दोलन में पूरा सहयोग दिया। उन्होंने बाल विवाह और बहुविवाह का भी खुलकर विरोध किया। उनके द्वारा लिखी गई सतसार नामक एक पुस्तिका में भी स्त्रियों की स्थिति पर रोशनी डाली गई है। यहाँ विशेष रूप से ऐसी दो घटनाओं का जिक्र ज़रूरी है जो साबित करती हैं कि जोतिबा के विचार इन मुद्दों पर कितने प्रासंगिक थे। एक बार उन दिनों पुणे में जज रहे

महादेव गोविन्द रानाडे ने जोतिबा को बताया कि उनकी भी एक बाल विधवा बहन है, तो उन्होंने दुखी होकर पूछा कि उसका विवाह क्यों नहीं किया गया जब रानाडे से जबाब देते नहीं बना और वे टाल-मटोल करने लगे तो पास बैठे जोतिबा भड़क गए और गुस्से में बोले राव साहब, आप अपने आप को आगे से समाज सुधारक न ही कहें तो अच्छा होगा। बाद में जोतिबा ने रानाडे को दूसरी बार तब फटकारा जब उन्हें पता चला कि अपनी पहली पत्नी के मरने के बाद उन्होंने 32 वर्ष की उम्र में एक 11 वर्ष की बच्ची से दूसरा विवाह किया।

ब्राह्मणवाद से शूद्रों, अतिशूद्रों और स्त्रियों के सम्मान और अधिकार के लिए शायद ही किसी ने इतना संघर्ष किया जितना जोतिबा ने किया। आज भी अनेक विचार सभी भारतीय दलित और स्त्रीवादी आन्दोलनों के लिए मार्गदर्शक की भूमिका निभा रहे हैं। तब भी जब पूँजीवाद और भूमंडलीकरण की बदौलत उपजी भयानक असमानता की चपेट में आया गरीब दलित और आदिवासी वर्ग लगातार मारा जा रहा है।

डॉ. अम्बेडकर और स्त्री अधिकार

मैं नहीं जानता कि इस दुनिया का क्या होगा।
जब बेटियों का जन्म ही नहीं होगा।।

—डॉ. अम्बेडकर

स्त्री सरोकारों के प्रति डॉ. अम्बेडकर का समर्पण किसी जुनून से कम नहीं था। 92 साल पहले 28 जुलाई, 1928 के दिन उन्होंने बम्बई विधान परिषद में स्त्रियों के लिए प्रसूति हितों से सम्बन्धित एक महत्त्वपूर्ण बिल पेश किया और उसकी जोरदार वकालत करते हुए कहा कि यह देश के हित में है कि माँ को बच्चे के जन्म के दौरान आराम मिले। सरकारी और निजी क्षेत्रों के अन्तर्गत आनेवाले तमाम कारखानें, खदानें या ऐसे सभी उपक्रम जहाँ भारी संख्या में स्त्रियाँ मजदूरी करती हैं, जो खतरनाक हैं और जिनमें काम करना उनके लिए जानलेवा भी साबित हो सकता है। यह उन सब कारखानेदारों की जिम्मेदारी है कि वे इस खर्च का वहन करें क्योंकि वे स्त्री श्रमिकों को तभी काम पर रखते हैं जब उन्हें इससे ज़्यादा फायदा होता है।

इस बिल का मुख्य उद्‌देश्य ज़रूरी सुविधाओं के साथ ही महिला श्रमिकों के लिए वेतन समेत छुट्टियों का प्रावधान था। उन्होंने बरतानिया सरकार से इस बिल को केवल बम्बई विधान परिषद क्षेत्र तक ही सीमित न रखने बल्कि देश भर में लागू किए जाने की अपील की। जबकि भारतीय सामाजिक परम्परा में दलित और स्त्रियों को अपने श्रम की एवज में किसी भी सहूलियत की उम्मीद करना भी अपराध माना जाता रहा।

जनसंख्या नियन्त्रण बिल के रूप में डॉ. अम्बेडकर ने एक बार फिर बम्बई विधान परिषद में पी.जे. रोहम द्वारा नवम्बर 1938 को एक ऐतिहासिक बिल पारित करवाया जिसने मनु के सदियों से चले आ रहे दर्शन को ध्वस्त कर दिया जिसमें स्त्री को ऐसे गुलाम के रूप में जीने के लिए बाध्य किया था जिसका अपनी ही देह और कोख पर अधिकार न हो, जिसका जन्म स्त्री के रूप में मात्र इसीलिए हुआ है कि वह पुरुष की सेवा करे, उसे तृप्त करे और बच्चे पैदा करने का साधन बनी रहे। यह

सिद्धान्त सदियों से भारतीय स्त्रियों की भयानक स्थिति के लिए जिम्मेदार रहा जिससे आज भी संघर्ष जारी है। भारत के इतिहास में पहली बार इस बिल ने स्त्रियों को यह अधिकार दिया कि अनचाहे गर्भ से मुक्ति उसका अपना निर्णय होगा और उसकी देह और कोख पर उसका अपना अधिकार होगा। इसके लिए उन्होंने सरकार से हर भारतीय स्त्री को अनचाहे गर्भ से मुक्ति उसकी मर्जी से और आसानी से मिले इसके लिए उसकी मदद की अपील भी की।

डॉ. अम्बेडकर को वाइसराय की परिषद में 20 जुलाई, 1942 को बतौर श्रम सदस्य शामिल किया गया। अपने चार साल (1942-46) के कार्यकाल में उन्होंने कई महत्त्वपूर्ण कानून बनाए और पुराने कानून में बदलाव किए। यह डॉ. अम्बेडकर की ही देन है कि भारतीय श्रम कानून का वजूद न केवल बदला बल्कि वे कहीं अधिक मानवीय बने। महिला श्रमिकों के लिए विशेष सुविधाओं को लागू किया गया। कारखानों और खदानों में काम के घंटों को घटाकर निर्धारित किया गया। स्त्री और पुरुष श्रमिकों के लिए समान वेतन के अधिकार का भी प्रावधान किया गया। छोटे बच्चों के लिए काम की जगह के आस-पास ही पालनाघर बनाए गए। स्वास्थ्य और जीवन बीमा की शुरुआत की गई, सामाजिक सुरक्षा अधिनियम का निर्माण किया गया। आज देशभर में जो कर्मचारी राज्य बीमा निगम के अस्पताल चलाए जा रहे हैं इस नीति को भी डॉ. अम्बेडकर ने ही मूर्त रूप दिया था। डॉ. अम्बेडकर का योगदान श्रम कानून के क्षेत्र में बहुत व्यापक और सराहनीय था। पूँजीपति वर्ग द्वारा चलाए जा रहे कारखानों में तो पीने के पानी की भी व्यवस्था नहीं थी, जो डॉ. अम्बेडकर के प्रयत्न से ही सम्भव हो पाई। पानी का अधिकार दलितों के लिए हमेशा ही संघर्ष का कारण रहा। डॉ. अम्बेडकर भी इस दर्द के साथ ही जन्मे और जिए थे।

अप्रैल 1947 को डॉ. अम्बेडकर ने हिन्दू कोड बिल का मसौदा तैयार कर संविधान सभा में रखा, जिस पर बहस होनी थी। यह बिल मुख्यत: हिन्दू संयुक्त या अविभाजित परिवार में सम्पत्ति के अधिकार से सम्बन्धित था। यह बिल स्त्रियों को स्वतन्त्र और आत्मनिर्भर बनाने की दिशा में मील का पत्थर साबित हो सकता था अगर उस वक्त पारित हो गया होता। इस बिल की विशेषता यह

थी कि यह सिर्फ स्त्री अधिकारों पर ही आधारित था। इस बिल में स्त्रियों को अपनी मर्जी से विवाह और तलाक, पति से अलग रहने पर गुजारा भत्ता गोद लेने (बच्ची को भी गोद लिए जाने) और उनका संरक्षण का भी अधिकार दिया गया था। सम्पत्ति के विभाजन होने पर घर की स्त्रियाँ जिसमें माँ, पत्नी और बेटी शामिल हैं सभी का हिस्सा निर्धारित किया गया। इस क्रान्तिकारी बिल से उस वक्त तूफान आ गया जिस देश में स्त्री को कभी इन्सान होने का भी अधिकार न हो उसे एक साथ इतने सारे हक दिए जानेवाले थे लेकिन यह बिल फिजूल की प्रक्रिया से जूझते रहने के बाद अन्ततः ठंडे बस्ते में डाल दिया गया। हालाँकि इस बिल में सुझाई गई चार शर्तों को उस वक्त किसी तरह पारित किया गया।

स्वतन्त्र भारत में डॉ. अम्बेडकर को संविधान निर्माण का काम दिया गया जैसा कि उनसे उम्मीद थी उन्होंने जाति और धर्म के सारे बन्धन तोड़कर सभी भारतीयों के लिए समता के अधिकार को प्राथमिकता दी। आज भारतीय संविधान अपने सभी नागरिकों को समान अधिकार की गारंटी देता है चाहे वह अम्बानी बन्धु हो या सड़क पर बैठे भीख मांग कर गुजारा करते या घरों के बर्तन माँजकर परिवार का पेट भरती लाखों जिन्दगियाँ। स्त्रियों के साथ किसी भी आधार पर भेदभाव को कानूनी जुर्म माना गया।

चार साल बाद कानून मन्त्री के रूप में डॉ. अम्बेडकर ने एक बार फिर हिन्दू कोड बिल को संसद में रखा लेकिन उनकी तमाम कोशिशें बेकार हो गईं, जब यह बिल भारी मतों से पराजित हो गया। हिन्दू कोड बिल का पराजित होना डॉ. अम्बेडकर के लिए उनकी व्यक्तिगत पराजय थी। वे स्त्री अधिकारों के प्रति इतने संवेदनशील थे कि उन्होंने 27 नवम्बर, 1951 के दिन कानून मन्त्री के पद से इस्तीफा दे दिया। बाद में इस बिल को कई टुकड़ों में पारित किया गया 2006 में बने घरेलू हिंसा कानून ने आखिर उनके सपने को पूरा किया।

डॉ. अम्बेडकर महिलाओं और दलितों की शिक्षा, प्रगति और जागरूकता के लिए जीवन भर संघर्ष करते रहे। उनके सभी सामाजिक आन्दोलनों में दलित स्त्रियाँ शामिल रहीं चाहे वह पानी के सवाल पर महाड सत्याग्रह हो या मन्दिर प्रवेश के लिए काला राम सत्याग्रह या 1942 में नागपुर में आयोजित किया गया दलित महिला अधिवेशन जहाँ 25000 दलित महिला उपस्थित रहीं। इसी

अधिवेशन में आठ महत्त्वपूर्ण प्रस्ताव पारित किए गए। जिसमें से एक भारतीय स्त्रियों के लिए तलाक का अधिकार भी शामिल था।

दलित स्त्रियों की स्थिति से संघर्ष डॉ. अम्बेडकर के लिए एक महायुद्ध था जिससे वे एक योद्धा की तरह लड़े। उनका संघर्ष देश के उस तबके के लिए था जो सम्मान और न्याय के लिए सदियों से संघर्ष कर रहा था। डॉ. अम्बेडकर को दलित और स्त्रियों के लिए हर उस स्थिति से लड़ना था जो उनके हालात के लिए जिम्मेदार थी। उन्होंने समय पर ऐसे कई आन्दोलन किए जिसने हिन्दुत्व को कड़ी टक्कर 25 दिसम्बर, 1927 के दिन उन्होंने महाड (महाराष्ट्र) में मनुस्मृति को जला दिया। वह हिन्दू धार्मिक-संविधान जो दलितों और स्त्रियों की दुर्दशा के लिए जिम्मेदार था जो उस वक्त इतना बड़ा शॉक-ट्रीटमेंट साबित हुआ जिससे हिन्दू धर्म की जड़ें हिल गईं। इस घटना ने भारतीय समाज को सोचने पर बाध्य कर दिया कि धर्म से भी विद्रोह किया जा सकता है। धर्म पत्थर पर लिखा वह फरमान नहीं है जिसे बदला नहीं जा सकता।

दलितों और स्त्रियों के लिए धार्मिक बेड़ियाँ टूटीं, अन्धविश्वास के उद्योग को भारी धक्का पहुँचा, शिक्षा और जागरूकता की शुरुआत हुई।

डॉ. अम्बेडकर जानते थे कि वे जिस वर्ग के लिए संघर्ष कर रहे हैं वह सामाजिक, आर्थिक, शैक्षिक और राजनैतिक सभी रूप में कमजोर है। उस स्थिति से लड़ना और जीतना कोई आसान काम नहीं। यह चौतरफा लड़ाई थी जिसमें एक ओर ताकतवर हिन्दू धर्म रक्षक भी थे। इस धर्म युद्ध की लम्बी चली लडाई में डॉ. अम्बेडकर ने कई आन्दोलन किए। मन्दिर प्रवेश के मुद्दे पर उन्होंने 1927-30 के बीच दलितों के साथ नासिक के काला राम मन्दिर, पूने के पर्वती और अमरावती के अम्बादेवी मन्दिर में प्रवेश किया जहाँ उन्हें हिंसा का भी सामना करना पड़ा।

डॉ. अम्बेडकर के लिए हिन्दूधर्म से टक्कर बेमानी थी लेकिन दलितों के स्वाभिमान के लिए यह ज़रूरी था। 1929 में येऊला के अधिवेशन में यह प्रस्ताव पारित किया गया कि दलितों को हिन्दूधर्म में अत्याचार सहते रहने कि कोई आवश्यकता नहीं। वे चाहें तो किसी भी धर्म में प्रवेश कर सकते हैं। इसी के बाद 12 माहरो (दलित) ने हिन्दूधर्म त्यागकर इस्लाम को अपना लिया। इस घटना से हिन्दू धर्माध्यक्षों के होश उड़ गए।

डॉ. अम्बेडकर ने अपने अन्तिम दिनों तक अपने आन्दोलन को जिन्दा रखा। अपनी मृत्यु से महज दो महीने पहले उन्होंने हिन्दू धर्म त्यागकर 14 अक्टूबर, 1956 में नागपुर की दीक्षा भूमि में लगभग 4 लाख दलितों के साथ बौद्ध धर्म को स्वीकर कर लिया, जिसे आज तक दुनिया का सबसे बड़ा धर्म परिवर्तन माना जाता है। दलितों की बौद्ध धर्म में प्रवेश की प्रक्रिया आज भी भारत में जारी है।

आजादी के 68 सालों बाद भारत में सवर्ण स्त्रियों की दशा में काफी बदलाव आया लेकिन अधिकांश दलित स्त्रियाँ आज भी उसी स्थिति में हैं जैसी स्वतन्त्रता के पहले थीं। आधुनिक स्त्रीवादी आन्दोलन भारत में 70 के दशक में आया लेकिन उसका नेतृत्व केवल सवर्ण महिलाओं के पास है जो उनके इर्द-गिर्द घूमता है। कुछ एक दलित स्त्रियों के मुद्दे ज़रूर इस आन्दोलन द्वारा भी लड़े गए, जिसका फायदा उन्हीं को पहुँचा जो नेतृत्व कर रहे थे, उनको नहीं—जो शोषण का शिकार हुए।

भारत में स्त्रियों के अधिकार और सम्मान के लिए सबसे ज़्यादा फुले दम्पति और डॉ. अम्बेडकर ने संघर्ष किया लेकिन महाराष्ट्र के स्त्रीवादी आन्दोलन को छोड़कर शेष भारत में तो उनका नाम भी किसी स्त्रीवादी आन्दोलन में नहीं लिया जाता। यह ब्राह्मणवादी मानसिकता जहाँ स्त्रीवादी आन्दोलन को सीमित कर रही है, वहीं दलित स्त्रीवादी आन्दोलन का विस्तार कर रही है। दलित स्त्रीवादी आन्दोलन का इतिहास हजारों साल पुराना है। उन्हें इस अलगाववादी सोच से लड़ना आता है। यह भी याद रखना चाहिए कि भारत में स्त्री और शूद्र की स्थिति समान रही है। हालात पूरी तरह से तभी बदलेंगे जब दोनों मिलकर लड़ेंगे।

दलित स्त्रीवाद और सांस्कृतिक विरासत

मैं किसी भी समाज का आकलन उस समाज में हुई स्त्रियों की प्रगति से ही निर्धारित करता हूँ।

—डॉ. बी.आर. अम्बेडकर

स्त्री नेतृत्व, संगठन और डॉ. अम्बेडकर

डॉ. अम्बेडकर के संघर्षों का केन्द्र स्त्री और दलित रहे बल्कि स्त्रीवादी मुद्दों के प्रति वे अधिक संवेदनशील थे। उनके सभी आन्दोलन जो समता और मानवाधिकार के लिए लड़े गए उनमें स्त्रियों की भागीदारी बराबर की रही। महाड में चवदार तालाब पर दलितों के लिए पानी के सवाल पर और नासिक में कालाराम मन्दिर में दलितों के प्रवेश को लेकर किए गए आन्दोलन इसका प्रमाण हैं जिसमें स्त्रियाँ शामिल रहीं। डॉ. अम्बेडकर के जीवन पर महिला संगठनों और उनके संघर्षों का गहरा असर हुआ। जब वे 1913-1916 के दौरान अमेरिका स्थित कोलम्बिया यूनिवर्सिटी में शोध कर रहे थे, उस वक्त तक अमेरिका में महिला आन्दोलन अपने चरम पर पहुँच चुका था जिसकी शुरुआत 1908 में नार्थ अमेरिका की एक कपड़ा मिल में महिला श्रमिकों द्वारा अपने शोषण के विरोध में एक बड़ी हड़ताल से हुई जिसमें वे अपनी जायज मांगों के समर्थन में संगठित हुईं जिसकी तरफ मिल मालिक वर्षों से ध्यान नहीं दे रहे थे। उसके बाद 1909 से अमेरिका और कई पश्चिमी देशों में महिला संगठन अस्तित्व में आए और उनके संघर्षो ने पूरी दुनिया का ध्यान आकर्षित किया। 1912 के बाद से सभी महिला संगठनों ने युद्ध के विरोध में शान्ति, पारिवारिक सुरक्षा और उनके पोषण के लिए अपनी आवाज बुलन्द कर अपनी भूमिका को परिवार तक ही सीमित न रख उसे बड़ा बनाया। संवेदनशील डॉ. अम्बेडकर इस बदलते माहौल में महिला संगठनों की प्रभावी भूमिका और उसके असर को करीब से देख-समझ रहे थे जिसका असर उनके आगे आनेवाले संघर्षों में साफ दिखाई दिया।

19-20 जुलाई, 1942 में नागपुर के मोहन पार्क में 2 दिनों का एक बड़ा सम्मेलन हुआ जिसमें 3 अलग-अलग सभाएँ आयोजित की गईं। उसी सम्मेलन में पहली अखिल भारतीय दलित महिला अधिवेशन में लगभग 25 हजार दलित महिलाएँ शामिल हुईं। इस अधिवेशन की अध्यक्षता डॉ. अम्बेडकर

ने की। देश ने पहली बार दलित महिला नेतृत्व को देखा जिसने इस अधिवेशन को ऐतिहासिक बना दिया। इसी अधिवेशन में दलित महिलाओं ने न केवल दलित महिला संगठन की आवश्यकता और महत्त्व को स्वीकारा बल्कि उसके लिए सामूहिक रूप से धन जमा करने का भी प्रस्ताव पारित किया जो आगे चलकर समय-समय पर उनके संघर्षों के काम आ सके। इसके साथ ही 6 अन्य महत्त्वपूर्ण प्रस्ताव इस अधिवेशन में पारित किए गए जिसमें बीड़ी और कपड़ा मिलों में काम करनेवाली दलित महिला श्रमिकों के शोषण के विरोध में कारखानों और मिलों में बेहतर सुविधाओं के लिए, शिक्षा के अधिकार के साथ-साथ राजनैतिक भागीदारी की भी मांग की गई। इस अधिवेशन में पारित किए जानेवाला सबसे महत्त्वपूर्ण प्रस्ताव स्त्रियों के लिए तलाक का अधिकार था जिसे 25 हजार दलित स्त्रियों ने देश की स्वतन्त्रता के पहले निर्विरोध पारित किया जिसे आगे चलकर सभी भारतीय महिलाओं के सम्मान और अधिकारों की लड़ाई में शामिल किया गया। इस महिला अधिवेशन का डॉ. अम्बेडकर पर गहरा प्रभाव हुआ जिसका जिक्र बाद में उन्होंने नागपुर में अपने मित्र श्री जी.टी. मेश्राम को लिखे एक पत्र में किया जो इस अधिवेशन के स्वागताध्यक्ष थे जिसमें उन्होंने लिखा वह महिला अधिवेशन था जिसने मुझपर सबसे ज़्यादा प्रभाव छोड़ा। मैं स्त्रियों के प्रति ज़्यादा पक्षपाती हूँ और चाहता हूँ कि उनकी ज़्यादा-से-ज़्यादा आन्दोलनों में भागीदारी हो। इस आन्दोलन में उनकी हजारों की उपस्थिति आश्चर्यजनक थी। ईश्वर भी उसे देखना चाहेंगे। मेरा हृदय उनके साफ-सुथरे कपड़े और उनके आत्मविश्वास, जिससे उन्होंने इस अधिवेशन में अपनी भूमिका निबाही, देखकर बहुत आनन्दित हुआ। इन मार्मिक शब्दों में दलित महिलाओं के प्रति उनका विश्वास साफ झलकता है।

इस विशाल अधिवेशन का आयोजन जिस मोहन पार्क में किया गया था वह खलासी लाईन नाम की एक दलित बस्ती के करीब था। इस बस्ती में अधिकांश वे दलित स्त्री-पुरुष रहा करते थे जो एम्प्रेस मिल में मजदूरी करते थे रात में सभी स्त्रियाँ अपने-अपने घरों के काम खत्म कर बाबासाहब के पास आकर बैठ जातीं और उनसे खुलकर अपने सभी दुख-दर्द कहतीं। बाबासाहब सब-कुछ ध्यान से सुनते, उनका मार्गदर्शन भी करते। दलित महिला श्रमिकों के इसी संघर्ष और दर्द से भारत के पहले श्रम कानून ने जन्म लिया।

इसी अधिवेशन में अपने अध्यक्षीय भाषण में डॉ. अम्बेडकर ने महिला संगठनों में गहरी आस्था जताते हुए कहा—मैं महिला संगठनों का समर्थक हूँ और मानता हूँ कि समाज से धार्मिक कुरीतियाँ और अन्धविश्वास खत्म करने में उनकी भूमिका अहम है। वे सामाजिक स्थिति के परिवर्तन में महत्त्वपूर्ण काम कर सकती हैं अगर इसके लिए उन्हें तैयार किया जाए। यह मैं दावे के साथ कह सकता हूँ क्योंकि इसका मुझे अनुभव है। मैं किसी भी समाज की प्रगति का आंकलन उस सामाज में हुई महिलाओं की प्रगति से ही निर्धारित करता हूँ। इसी अधिवेशन के दौरान डॉ. अम्बेडकर को वाइसराय की काउन्सिल में लेबर मेम्बर की हैसियत से शामिल किए जाने की सूचना मिली जो किसी भी भारतीय के लिए उस समय बड़े सम्मान की बात थी। अपने 3 वर्ष के कार्यकाल में डॉ. अम्बेडकर ने भारत में पहली बार श्रम कानून को मानवाधिकारों से जोड़ा। इससे पूर्व भारत में श्रमिकों के अधिकारों या उनके कल्याण के लिए कोई निर्धारित नीति या परम्परा नहीं थी। दलित श्रमिक का दर्जा दास या गुलाम का था जिसे श्रम के बदले पैसे के बजाय थोड़ा-सा अनाज या बचा हुआ बासी खाना भीख में दिया जाता था। दलित स्त्रियों की स्थिति तो उससे भी बदतर थी जो भारी संख्या में मजदूरी करती थीं उच्च वर्ग यौन हिंसा का शिकार भी बनाता। ब्रिटिश राज में कारखानों में काम करनेवाले मजदूरों को विशेष सुविधा या न्यायोचित वेतन का प्रावधान नहीं था। डॉ. अम्बेडकर ने महिला श्रमिकों के लिए कई नए कानून और योजनाएँ बनाईं जिसमें काम के घंटे निर्धारित करना, समान वेतन का प्रावधान, प्रसूति के दौरान 21 दिनों की छुट्टियों के साथ वेतन का प्रावधान और सेवा निवृत्ति के बाद पेंशन का प्रावधान शामिल था। श्रम कानूनों में सबसे क्रान्तिकारी कदम श्रमिकों के लिए जीवन बीमा और स्वास्थ्य सेवा योजना का निर्माण करना था। स्वतन्त्रता के वर्षों बाद जो ई.एस.आई.एस. योजना के रूप में लागू किया गया जिसके तहत सभी भारतीय श्रमिकों को बेहतर स्वास्थ्य सेवाएँ और बीमे का प्रावधान इसी योजना के तहत किया गया।

स्वतन्त्र भारत में डॉ. अम्बेडकर को संविधान सभा का अध्यक्ष बनाकर संविधान निर्माण की जिम्मेदारी सौंपी गई। संविधान के जरिए डॉ. अम्बेडकर ने भारत को लोकतन्त्र और भारतीय शासन व्यवस्था को समाजवादी रूप में डालकर पूँजीवादी मान्यताओं के पैरों में बेड़ियाँ डालने का काम किया, जिससे देश की

बहुसंख्यक गरीब जनता के लिए सामाजिक न्याय का मार्ग प्रशस्त हो पाया। डॉ. अम्बेडकर ने सभी भारतीयों को जाति, धर्म, वर्ग और जिन्सियत के आधार पर 5 हजार साल पुरानी संस्कृति को ध्वस्त कर समता का अधिकार दिया। हर स्तर पर भयानक असमानता के दलदल में फँसे भारतीय समाज के लिए समता का और समान अवसरों का यह अधिकार स्वतन्त्रता के कुछ समय पहले तक अकल्पनीय था। इसी समता के अधिकार ने भारतीय संविधान को दुनिया का श्रेष्ठ संविधान होने का गौरव दिया लेकिन संविधान निर्माण के दौरान हिन्दू कोड बिल संसद में पराजित हो गया जिसका अपमान सहन करना डॉ. अम्बेडकर के लिए नामुमकिन था। अन्ततः यही उनकी अकाल मृत्यु का कारण भी बना। भले ही हिन्दू कोड बिल डॉ. अम्बेडकर के जीवन काल में पारित न हो सका लेकिन बाद में इस बिल और पहले दलित महिला अधिवेशन में पारित कई प्रस्ताव के साथ टुकड़ों में भारतीय कानून में शामिल किए गए जिन्होंने भारतीय स्त्रियों के अधिकारों को मूर्त रूप देने का कार्य किया। 2006 में पारित घरेलू हिंसा कानून ने आखिर में उनकी समग्र दृष्टि को अमली जामा पहनाने का काम किया। इतिहास गवाह है कि दुनिया में जहाँ कहीं भी सामाजिक न्याय और मानवाधिकार के ईमानदार आन्दोलन चले उसकी सोच सारी सीमाओं को तोड़ चुनौतियों से जूझती दूसरे छोर तक पहुँची हैं जिसका प्रभाव सदियों जिन्दा रहा है। सारनाथ में मात्र 5 भिक्षुओं की दीक्षा से जिस बुद्ध धम्म की स्थापना 2565 साल पहले हुई थी वह न केवल पूरी दूनिया में फैला बल्कि आज पहले की अपेक्षा ज़्यादा प्रासंगिक है। डॉ. अम्बेडकर का आन्दोलन भी ऐसा ही था जिसने सामाजिक न्याय की अवधारणा में स्त्रियों के अधिकारों को प्राथमिकता देकर उसे बड़ा बनाया। स्त्री नेतृत्व को राजनैतिक भागीदारी के समान अवसर देने के उनके विचार ने धीरे-धीरे विश्व के सबसे पिछड़े क्षेत्र दक्षिण पूर्वी एशिया के लगभग सभी देशों के साथ-साथ उसके आस-पास के अन्य देशों में समान रूप से अपना प्रभाव छोड़ा जिसका असर बाद के वर्षों में दिखाई दिया। जब श्रीलंका में श्रीमाओ भंडारनायके पहली महिला राष्ट्रपति बनीं उसके बाद भारत में श्रीमती इन्दिरा गाँधी विश्व के सबसे बड़े लोकतन्त्र में सर्व सम्मति से प्रधानमन्त्री चुनी गईं। भारत के दो पड़ोसी इस्लामिक मुल्कों में भी महिलाओं ने राजनैतिक सत्ता की बागडोर सँभाली। बाँगलादेश में बेगम खालिदा जिया, शेख हसीना और पाकिस्तान में बेनजीर भुट्टो प्रधानमन्त्री बनीं। फिलिपिंस की राष्ट्रपति श्रीमती कोराजीनो इक्विनो के साथ ही दक्षिण कोरिया और थाईलैंड की प्रधानमन्त्री भी स्त्रियाँ रही हैं।

शून्य से अनन्त तक वार्ली चित्र संस्कृति

विश्व की सभी जनजातियों विशेषकर आदिम जनजातियों द्वारा निर्मित चित्रकला से ही हजारों वर्ष पूर्व की सभ्यताओं को समझा जा सका है। जनजाति या आदिवासी चित्रकला इतिहास का सबसे प्रमाणिक वैज्ञानिक आधार है। पाषाण युग से आज तक की समूची मानव विकास यात्रा की गवाह यही चित्रकलाएँ हैं। विभिन्न मतों के बावजूद भी जिन्हें आज तक नकारा नहीं जा सका है। जब तक बोली, भाषा या लिपि का विकास नहीं हुआ था उससे भी हजारों वर्ष पूर्व यही चित्रकलाएँ जानकारियों का माध्यम रहीं। सभी आदिवासी वर्गों के पास अपनी-अपनी प्रदर्शनकारी और सृजनकारी कलाओं का बहुत बड़ा खजाना है जो न केवल उनकी ऐतिहासिक पृष्ठभूमि और संस्कृति का सबसे ईमानदार दस्तावेज है बल्कि उनके मूल्यों और दर्शन का भी चित्रण है। जिसे उस वर्ग ने आज तक उसके मूलरूप में काफी हद तक सँभाले रखा है, निरन्तर होते बदलाव और खतरनाक स्थितियों के बावजूद भी। किसी भी आदिवासी वर्ग को समझने के लिए उनकी चित्रकला को समझना ज़रूरी है। इसी चित्र कला से उस वर्ग की सामाजिक, धार्मिक, आर्थिक और सांस्कृतिक स्थिति का पता चलता है। स्त्रियों की स्थिति, उनका संघर्ष और उनकी सोच को भी समझा जा सकता है। आदिवासी जीवनशैली, उस वर्ग की मान्यताएँ, रीति-रिवाज, प्रथाएँ और विभिन्न प्राचीन प्रचलन का लेखा-जोखा भी चित्रों में ही है। इसी कारण यह मात्र चित्रकला न होकर एक चित्र संस्कृति है।

वार्ली चित्र संस्कृति महाराष्ट्र राज्य में मुम्बई से सटे ठाणे जिले में दाहानु से लेकर विक्रमगढ़ और उसके आस-पास के इलाके वार्ली आदिवासी क्षेत्र हैं।

वार्ली आदिवासियों का इतिहास 2500 से 3000 वर्ष पुराना माना जाता है लेकिन वार्ली आदिवासी वर्ग का मानना है कि यह काल 15000/ 20000 या उससे भी अधिक हो सकता है। मध्य प्रदेश में कुछ वर्षों पहले जो भीमबेटका चित्रकारी मिली है, उसे भी इतना ही पुराना माना गया है। वार्ली, सावरा, भील और भीमबेटका चित्रकारी काफी मिलती-जुलती है और इन सभी आदिवासी समुदायों का इतिहास भी लगभग 15000 / 20000 पूर्व का है। इस पर अभी बहस जारी है। इस विषय पर ईमानदारी से गम्भीर अध्ययन और शोध की बहुत ज़रूरत है। यह भारत के साथ-साथ पूरे विश्व की सामाजिक धारणाओं को बदल सकता है। इससे मानवीय सभ्यता की कई नई जानकारियाँ मिल सकती हैं।

वार्ली चित्रकला का निर्माण वार्ली आदिवासी स्त्रियों द्वारा किया गया। अपनी झोंपड़ियों की दीवारों, खिड़कियों, दरवाजों और आँगन में खूबसूरत चित्रकारी करने से इस कला की शुरुआत हुई। तब उन्हें क्या पता था कि वे चित्रों के द्वारा इतिहास रच रही हैं, दुनिया को एक ऐसी बेमिसाल कला दे रही हैं, जो अनन्त है। कभी न खत्म होनेवाली हजारों सालों का सफर तय करती आज तक अपने कलात्मक और प्रभावी रूप में जिन्दा हैं। वार्ली चित्रकारी बनाने से पहले वहाँ उपलब्ध लाल मिट्टी के घोल से उस स्थान को लीप कर पृष्ठभूमि तैयार की जाती है फिर उस पर चावल पीसकर उसमें गोंद और पानी मिलकर सफेद रंग का घोल तैयार किया जाता है। बाँस के पतले छाल से ब्रश तैयार किए जाते हैं। वार्ली चित्रों को केवल एक ही रंग (सफेद) से बनाया जाता है। लेकिन चित्रों को देखकर रंगों की अहमियत या कमी कहीं महसूस नहीं होती। चित्र अपने आप में इतने सजीव होते हैं, जिसने इसे एक शैली के रूप में पहचान दी है। वार्ली चित्रकला का निर्माण क्योंकि महिलाओं द्वारा किया गया है इसलिए इसके चित्र बहुत महीन और आकृतियाँ छोटी-छोटी हैं। यह बहुत संवेदनशील चित्रकला मानी जाती है। यह कला वार्ली जीवन शैली पर आधारित है, इसलिए चित्रों को देखकर उनका जीवन आसानी से समझा जा सकता है।

वार्ली चित्रकारी कई छोटे बड़े बिन्दुओं और विभिन्न आकारों को आपस में जोड़कर बनाई जाती है। पूरी चित्रकला ज्योमेट्रीकल (रेखागणित) आकारों त्रिकोण, चौकोर, गोल और छोटी-बड़ी लम्बी रेखाओं पर आधारित होती है। विश्व को रेखागणित वार्ली चित्रकारी की ही देन है। इसी कारण वार्ली चित्रकारी

दुनियाभर में एक कलात्मक शैली के रूप में सम्मानित है। वार्ली चित्रकला आदिवासियों के जीवन को समेटे हुए है। वार्ली स्त्रियों की दिनचर्या की पूरी रूप-रेखा सभी चित्रों में दिखाई देती है। सिर पर घड़े रखे दूर-दूर से पानी लाना, कपड़े-बर्तन धोना, जंगल से लकड़ियाँ चुनकर भारी गट्ठर अपने सिर पर उठाए मीलों चलकर घर लाना। परिवार के भरण-पोषण की सारी जिम्मेदारी सब-कुछ चित्रों में शामिल है। वार्ली आदिवासी महिलाओं का जीवन काफी संघर्षशील है, यह संघर्ष चित्रों में साफ दिखाई देता है। वार्ली चित्रों में कहीं कोई स्कूल या अस्पताल दिखाई नहीं देता। वार्ली चित्र वार्ली जीवन की सच्चाई कहते हैं। समूचे वार्ली क्षेत्र में स्कूल, अस्पताल या पानी की व्यवस्था आज भी नहीं है। कुछ एक आश्रमशाला ज़रूर है जो महाराष्ट्र सरकार की आदिवासी शिक्षा योजना के तहत आदिवासी बच्चों के लिए उनके ही क्षेत्र में चलाई जा रही है, जिसमें बच्चों के खाने, रहने और शिक्षा की व्यवस्था की जाती है लेकिन यह योजना भी अन्य दलित और आदिवासियों के लिए चलाई जानेवाली भ्रष्ट और कागज पर ही रह जानेवाली योजनाओं की ही तरह है। ऐसी योजनाएँ आदिवासियों का नुकसान ही करती हैं इसलिए आश्रमशाला वार्ली चित्रों से गायब है।

वार्ली चित्रकला की दूसरी विशेषता उसका जमीन और प्रकृति से जुड़ाव है। चित्रों में मानव आकृतियों के साथ-साथ प्राकृतिक सुन्दरता, पेड़-पौधे, जानवर और पक्षियों का समावेश होता है। चित्रों में कहीं भी खाली जगह छोड़ी नहीं जाती, पूरा चित्र कई आकृतियों को मिलाकर बनता है। वार्ली जीवन में प्रकृति का महत्त्व सबसे ज़्यादा है। वे प्रकृति को ही अपना देवता मानते हैं और उसी की पूजा करते हैं। वार्ली जनमानस धार्मिक नहीं है और न ही हिन्दू धर्म से उसका कोई लेना-देना है। उनके मन्दिर भी साधारण होते हैं। एक छप्पर और कच्ची दीवारोंवाला एवं देवता वाघोबा यानी बाघ या उनकी जमात के किसी वीर पुरुष की लकड़ी की प्रतिमा, यही है उनके धर्म और मन्दिर की अवधारणा।

वार्ली आदिवासी भारत भर में अपनी प्रदर्शनकारी कलाओं के लिए भी जाने जाते हैं, जिसमें प्रसिद्ध तेरन नृत्य और विभिन्न वाद्य यन्त्र हैं—तरपा, ढोल, काहली, बांसुरी और ढाक, जिन्हें विभिन्न अवसरों पर बजाया जाता है। तरपा

वाद्य यन्त्र बहुत विशाल होता है, जिसे तेरन नृत्य के दौरान बजाया जाता है। तेरन नृत्य वार्ली स्त्री-पुरुष कई अवसरों पर मिल-जुलकर करते हैं। नृत्य करते समय एक स्त्री तरपा यन्त्र बजाती है और उसके साथ-साथ सभी आपस में एक-दूसरे के हाथों को थामे गोल चक्र बनाते हुए तालबद्ध नृत्य करते हैं। नृत्य करते-करते गोल-गोल कई घेरे बन जाते हैं। यह दृश्य असाधारण दिखाई देता है। ऐसा लगता है जैसे धरती मस्त होकर झूमती हुई ब्रह्मांड का चक्कर लगा रही है। तरपा वाद्य यन्त्र और तेरन नृत्य वार्ली चित्रकला में विशेष स्थान रखते हैं, जिसके बिना वार्ली चित्रकला अधूरी है। वार्ली कलाकार चाहे स्त्री हों या पुरुष, तेरन का चित्र बनाए बगैर कलाकार का सम्मान प्राप्त नहीं कर सकते। सभी कलाकार अपनी-अपनी कलात्मक योग्यता के अनुसार तेरन का चित्र बनाते हैं। प्रसिद्ध वार्ली चित्रकार जिव्या सोम महाशे द्वारा बनाया गया तेरन नृत्य का चित्र विश्व प्रसिद्ध है।

आज बहुत सारे वार्ली कलाकार ऐसे हैं, जिनकी ख्याति भारत के अलावा पूरी दुनिया में है, जिनमें स्त्रियाँ भी बड़ी संख्या में शामिल हैं। चित्रकार जिव्या सोम महाशे को उनके योगदान के लिए भारत सरकार द्वारा पद्मश्री से सम्मानित किया गया है। इसके अलावा संजय पनहाड़ भी प्रसिद्ध युवा कलाकार हैं। स्त्रियों में मानकी वायरा, मीनाक्षी वायरा, कुसुम भरवरपड़े और प्रमिला हैं।

वार्ली चित्रकारी की देश और दुनिया में बहुत बड़ी मांग है, फिर भी पूरा वार्ली क्षेत्र गरीबी, अशिक्षा और बीमारी से जूझ रहा है। विभिन्न गैर सरकारी संगठन इस क्षेत्र में पिछले कई वर्षों से कार्यरत हैं, जिन्हें उनके काम के लिए अन्तरराष्ट्रीय पुरस्कार भी मिले हैं, लेकिन फिर भी हालात बदल नहीं रहे हैं। वार्ली सिर्फ अपनी चित्रकला के दम पर ही अपना जीवन पूरी तरह बदल सकते हैं। अगर सरकार उनकी शिक्षा, मानवाधिकार और विकास के अवसर भी उन्हें प्रदान करने के लिए ईमानदारी दिखाए तो वे बहुत आगे बढ़ सकते हैं। यह अन्य सभी भारतीयों की तरह उनका भी अधिकार है। भारत के आदिवासी इस देश के प्रथम नागरिक हैं। उनके अधिकार और संस्कृति से खिलवाड़ आगे चलकर एक बड़े संघर्ष को जन्म दे सकता है। आदिवासी संस्कृति को न तो सीमाओं में बाँधकर रखा जा सकता है और न ही नष्ट किया जा सकता है। जो संस्कृति 20 हजार वर्षों तक खुद को जिन्दा रख सकती है, उसकी अपार सृजन शक्ति और दृष्टि का अन्दाजा लगाना सम्भव नहीं है।

आस्था और भोजन के अधिकार का द्वन्द्व

''पिता जी ने सवेरे ही मांस खरीद कर रखा था। हम लोग ज़्यादातर गाय का मांस खाते थे। बस्ती के ज़्यादातर लोग गाय का ही मांस खाते, क्योंकि वह मांस सस्ता होता था। हमारी बस्ती से थोड़ी ही दूर पर एक कसाईखाना था, गड्डीगोदाम नाम की जगह पर। मुसलमान कसाई यह मांस बेचते। कसाईखाने की जालीदार खिड़कियाँ और दरवाजे थे। पशु चिकित्सक आकर गायों की जाँच कर काटने की अनुमति देता। अंग्रेज व ऐंग्लो-इंडियन ईसाइयों के नौकर भी यहीं से मांस खरीदते। छोटी बहन ने मसाला पीसने के पत्थर पर खूब बारीक मसाला पीसा। हम मांस में खूब सारी मिर्च डालकर पकाते थे। माँ ने मसाला भूनकर मांस को चूल्हे पर चढ़ाया। आज छुट्टी का दिन इसलिए भात, रोटियाँ और मांस बना था। रोज सिर्फ भात और मिर्च-मसालेवाली दाल बनती। कभी-कभार बेसन की कढ़ी आलू-बैंगन या बड़ियों की रसेवाली सब्जी बनती, क्योंकि भात के साथ रसा तो चाहिए ही।''

मेरी माँ कौशल्या बैसन्त्री की आत्मकथा *दोहरा अभिशाप* से ये पंक्तियाँ ली गई हैं। हालाँकि जब तक वे जीवित रहीं, मैंने उन्हें कभी बीफ खाते नहीं देखा, फिर भी, उनके साथ मेरे अनुभव, मुझे इस मुद्दे की जटिलता को समझने में सहायक साबित हुए हैं, जो जानकारियाँ उनसे मुझे मिलीं। उनसे मुझे भारतीय सामाजिक व्यवस्था में हिन्दू धर्म समेत सभी धर्मों के दलित बहुजन वर्ग के खान-पान की संस्कृति और उससे जुड़ी तमाम सच्चाइयों का पता चला। इस दर्दनाक सच्चाई को आज मुख्यधारा के बुद्धिजीवी वर्ग के दायरे में शामिल किया जाना ज़रूरी है। अन्तत: इसी से भारतीय सांस्कृतिक विरासत का असली चेहरा सामने आएगा और धर्म की भूमिका को नियन्त्रित किया जा सकेगा।

वेदों में अश्वमेध यज्ञ के दौरान गाय की बलि और ब्राह्मणों को उसके मांस में दिए जानेवाले हिस्से का वर्णन है, लेकिन दलितों के खाने के अधिकार की बात न धर्म में और न ही समाज में कहीं सुनी-समझी जाती है। जी-तोड़ मेहनत

के बावजूद, दो वक्त की रोटी जुटा पाना आज भी दलितों के लिए सम्भव नहीं है। यह उनका इतिहास भी है और वर्तमान भी, जिसका ईमानदार चित्रण दलित साहित्य में प्रमुखता से मौजूद है।

दलित सिर्फ सम्मान, समता और न्याय की ही नहीं बल्कि खाने के अधिकार की भी लड़ाई लड़ते रहे हैं। इसी सन्दर्भ में बीफ से जुड़े कुछ तथ्यों को जानना ज़रूरी है। मटन, मुर्गा, मछली, दाल, अन्य अनाज, फल, मेवे और सब्जियाँ इतनी महँगी हैं कि इस वर्ग की पहुँच से पूरी तरह बाहर हैं, सिर्फ बीफ ही ऐसा खाद्य है जो वे खरीद सकते हैं। मरे हुए जानवरों को ठिकाने लगाने का काम आज भी गाँवों में दलित ही करते हैं और उसका मांस दलित परिवारों में बँटता है।

दोहरा अभिशाप में कौशल्या जी ने बीफ से सम्बन्धित एक अन्य प्रसंग में लिखा है

"बस्ती में सोगी नाम की औरत, पूरा मरा हुआ ढोर, गाय या बैल, खरीदती थी। कोतवाल आकर उसे बता जाता। जानवर का चमड़ा कोतवाल ले जाता और सोगी जानवर को काटकर मांस बेचती। बस्ती के लोग इसे खरीदते थे, क्योंकि यह सस्ता और घर के पास ही मिलता था पर यह कभी-कभी ही मिलता। दसर्या ढेर सारा मांस खरीदता। ठमी इसके लम्बे-लम्बे टुकड़े करके आँगन में बँधी रस्सी पर धूप में सुखाती और चील-कौवे न ले भागें, इसलिए किसी बच्चे के हाथ में लकड़ी की डंडी पकड़ाकर बिठा देती। मांस पर मक्खियाँ भिनभिनाती रहती थीं। मांस खूब सुख जाने पर उसे बन्द करके रख देते और ज़रूरत पड़ने पर उसकी सब्जी बनाकर खाते। ठमी मांस के लिए ढेर सारी मिर्ची पीसती थी उसके आँगन में ही मसाला पीसने का पत्थर पड़ा था। वह बहुत बारीक मसाला पीसती थी। गर्भवती रहती तब उसका पेट मसाला पीसते वक्त पत्थर से सट जाता था।"

यह दूध-दही और घी खानेवालों के लिए घृणा की बात हो सकती है, लेकिन जो वर्ग इस दर्द के साथ सदियों से जीता रहा है, उस पर धर्म की आड़ में एक ब्राह्मणवादी संस्कृति को थोपना, उसकी संस्कृति, इतिहास, अस्मिता और संघर्षो पर हमला है।

दलित वर्ग के बीफ खाने से सम्बन्धित जो कुछ भी मैंने अपनी माँ से जाना, उसमें मुझे दलित स्त्रीवादी चिन्तन की भी एक बुलन्द मिसाल दिखाई दी। दलित

स्त्री अपने परिवार का भरण-पोषण अकेले ही करती है। बच्चों की परवरिश और घर की जिम्मेदारी में उसकी भागीदारी पुरुष से कहीं ज़्यादा है। वह पुरुष के बराबर मेहनत करती है, पैसे कमाती है, बाजार में सबसे सस्ते सामान में भी मोल-भाव कर किसी तरह घर का गुजारा करती है। घर लौटकर दूर से पानी लाना, घर की साफ-सफाई करना और खाना बनाकर सभी घरवालों को खिलाना, यह अकेले उसकी जिम्मेदारी है। कभी-कभार बीफ बनाकर, बच्चों को उसे चाव से खाता देखकर जो तृप्ति एक दलित माँ के चेहरे पर दिखाई देती है, उसका चित्रण दलित साहित्य में जगह-जगह मौजूद है। उस एहसास को महसूस करने की क्षमता हर किसी में नहीं है, जो उसे जीता है, वही समझ सकता है। यह दर्द दलित विमर्श का प्रमुख हिस्सा है।

पूरी दुनिया में, विशेषकर पश्चिमी और अफ्रीकी देशों में, बीफ रोज के खानपान का हिस्सा है। इस पर कभी कोई विवाद नहीं हुआ। भारत में इसे आस्था का सवाल बनाकर विवाद खड़ा कर दिया गया है, जो दलितों और अल्पसंख्यकों के विरुद्ध हिंसा का कारण बन सकता है।

मेरी माँ जब तक अपनी बस्ती में रही गरीबी के कारण उनके परिवार के पास बीफ का कोई विकल्प नहीं था। शादी के बाद (मेरे पिता सरकारी अफसर थे), बीफ के अलावा अन्य विकल्प होने के कारण उन्होंने न दुबारा कभी बीफ बनाया और न खाया। बीफ खाने का कारण भारत में सिर्फ और सिर्फ गरीबी है। खान-पान, पहनावा, भाषा, बोली, साहित्य तमाम कलाएँ और कारीगरी का सम्बन्ध संस्कृति से है न कि धर्म से। इसे किसी भी धर्म की आस्था या भावना से जोड़ना, भारत जैसे देश में, जहाँ दुनिया के सभी धर्मों को माननेवाले और लगभग 6,500 जातियों और उपजातियों में विभाजित सवा सौ करोड़ लोग रहते हैं, विस्फोटक होगा।

दलित स्त्रीवाद की पहचान और संघर्ष

भारतीय स्त्रीवादी आन्दोलन में दलित स्त्रीवादी संघर्ष कभी शामिल नहीं रहे। दलित स्त्रीवाद पर पिछले कुछ वर्षों से गैर दलित स्त्रियों ने ही लिखा है जो विमर्श के रूप में स्त्रीवादी अध्ययन में मौजूद है लेकिन उस पर गम्भीर चर्चा या बहस नहीं हुई। दलित स्त्रीवाद दलित लेखन में हर जगह प्रमुखता से दिखाई देता रहा है। अधिकांश दलित साहित्य में पुरुष साहित्यकारों ने भी अपनी माँ, बहन, पत्नी यहाँ तक कि प्रेयसी का भी चित्रण पूरी ईमानदारी से किया है। रात-दिन मेहनत-मजदूरी करती, अपने परिवार का भरण-पोषण करती, अपने सम्मान और अधिकारों के लिए इलाके के दबंगों से संघर्ष करती, हर विपरीत स्थिति में भी परिवार की रक्षा करती, यह अधिकतर दलित स्त्रियों के जीवन की सच्चाई आज भी है। यही संघर्ष उसके जीवन का जीता-जागता दस्तावेज है जो दलित स्त्रीवाद की अस्मिता की पहचान है। दलित स्त्रीवाद को केवल कुछ शब्दों, पन्नों पर, किताबों में परिभाषित करना सम्भव नहीं। इस पर शोध की ज़रुरत है। दलित स्त्रीवादी दर्शन उसके अस्तित्व और इतिहास पर आज बहस ज़रूरी है। अन्ततः इसी से वे तमाम तथ्य निकलकर आएँगे जिससे दलित स्त्रियों की सामाजिक, शैक्षिक, राजनैतिक और सबसे अहम सांस्कृतिक भूमिका तय की जाएगी ताकि वह देश की मुख्य धारा से जुड़ सके। उस पर घर और समाज में होनेवाली हिंसा, हत्या, लूट और बलात्कार जैसे जघन्य अपराधों पर रोक लगेगी। हर क्षेत्र, हर जगह, हर स्तर पर होनेवाले सामाजिक अन्याय के विरोध में उसके संघर्ष और जीत की सम्भावनाएँ तलाशी जा सकेंगी। देश के सबसे पीड़ित वर्ग तक मानवाधिकार और न्याय की पहुँच सम्भव हो पाएगी। उसकी आर्थिक स्थिति में सुधार होगा। इसी से भारतीय लोकतन्त्र मजबूत होगा। देश में धर्मनिरपेक्ष और समतावादी मूल्यों का विस्तार होगा। विश्व में भारत का सम्मान बढ़ेगा।

दलित स्त्रीवाद और उसकी व्याख्या को लेकर अलग-अलग राय या मतभेद हो सकते हैं, लेकिन इस बात पर ध्यान दिया जाना चाहिए कि दलित स्त्रीवाद विमर्श शोध में सिमटा कुछ बुद्धिजीवियों की बहस का हिस्सा बन अध्ययन और चर्चा सत्रों में ही उलझा न रह जाए।

दलित स्त्रीवाद का जन्म जाति के उत्पीड़न से उपजे भयानक सामाजिक अपराध जिसके कारण देश के सबसे बड़े नागरिक वर्ग को सदियों से मानवाधिकारों से वंचित रखकर गुलाम बनाकर जीने के लिए बाध्य किए जाने से हुआ। दलित स्त्रियाँ इस व्यवस्था का सबसे बड़ा शिकार बनी। उन पर होनेवाली यौन हिंसा और उसके विरोध में उसका संघर्ष दलित स्त्रीवाद का आधार है जिसका चित्रण उसने सदियों पहले से असंख्य माध्यमों द्वारा किया है। दलित स्त्री के संघर्ष के अनुभव पीढ़ी-दर-पीढ़ी स्थानान्तरित होते आए हैं जो सभी सृजनकारी और प्रदर्शनकारी लोक कलाओं में साफ दिखाई देते हैं जो उसकी दूरदर्शिता, उसके त्याग और उसकी रचनात्मक क्रियाशीलता को साबित करता है। समूची भारतीय लोक संस्कृति दलित स्त्रीवाद का सबसे महत्त्वपूर्ण चित्रण है। दलित स्त्रीवाद का लिखित प्रमाण सदियों बाद बुद्धकालीन कुछ दलित थेरियों के लेखन में मिलता है। इन थेरियों ने ब्राह्मणवाद और पितृसत्ता को ठोकर मार अपना घर छोड़ विहारों में जाकर बुद्ध धर्म की दीक्षा ले ली। जहाँ समाज सेवा और बेहतरीन साहित्य लिखकर ऐतिहासिक काम किया। 12वीं सदी में कर्नाटक में बसवेश्वर के आन्दोलन में शामिल दलित कवयित्रियों ने भी बहुत सुन्दर साहित्य लिखा जो श्रमजीवी संस्कृति का प्रतीक है और वचन साहित्य के रूप में समाहित किया जाता है।

दुनियाभर में जहाँ कहीं भी स्त्रियों ने समता और अधिकारों के लिए संघर्ष किए वे सभी वंचित और श्रमिक वर्ग की स्त्रियाँ थीं। पश्चिमी देशों में विशेषकर फ्रांस, जर्मनी, इंग्लैंड, स्पेन, हालैंड और अमेरिका जैसे देशों में स्त्रीवादी आन्दोलन जो उस वक्त कपड़ा मिल और कारखानों में काम करनेवाली स्त्री श्रमिकों के मानवाधिकार, समान वेतन, काम के घंटे निर्धारित करना, धार्मिक पाखंड, सामाजिक भेदभाव और रोटी के अधिकार जैसी मांगों को लेकर 18वीं सदी के मध्य में आरम्भ हुआ। यह उसी आन्दोलन का असर था जब सभी पश्चिमी देशों

में बदलाव आने शुरू हुए और स्त्रीवादी मुद्दों को मान्यता दी जाने लगी। चर्च की भूमिका को नियन्त्रित किया गया। 1913 के बाद से स्त्री संगठनों की भूमिका में बड़ा भारी विस्तार हुआ और कई नए मुद्दों को भी जोड़ा गया जिसके कारण आगे चलकर उन देशों में न्याय व्यवस्था को और मजबूत कर स्त्रियों की सुरक्षा और न्याय को प्राथमिकता दी गई। स्त्रियों को कई देशों में वोट का अधिकार मिला। उनकी राजनैतिक सोच और महत्त्वाकांक्षाओं को सम्मान दिया गया।

उसी समय भारत में फुले दम्पति ने स्त्री अधिकारों के लिए एक बड़ा आन्दोलन शुरू किया जो पश्चिमी देशों के स्त्रीवादी आन्दोलन से दस कदम आगे था जिसमें वंचित वर्ग विशेषकर स्त्रियों के लिए शिक्षा का अधिकार प्रमुख था जिसके लिए उन्होंने 1 जनवरी, 1848 को पुणे की भिडेवाड़ी में लड़कियों के लिए देश का पहला स्कूल खोला। फुले दम्पति अपनी सोच में समय से कितना आगे थे यह इस बात से पता चलता है कि उन्होंने उस वक्त बाल हत्या प्रतिबन्धक गृह की स्थापना की जहाँ अविवाहित गर्भवती स्त्रियों को न केवल संरक्षण दिया जाता था बल्कि उनकी प्रसूति पर बच्चों की देखभाल भी की जाती।

सभी गरीब बेसहारा स्त्रियों को आत्मनिर्भर बनाने के लिए सावित्रीबाई फुले ने 170 साल पहले कई ऐसे कार्यक्रम चलाए जो आज तक स्त्रीवादी संगठन नहीं कर पाए।

भारत में नव स्त्रीवादी आन्दोलन 70 के दशक में शुरू हुए जिसकी बागडोर पढ़ी-लिखी सवर्ण स्त्रियों के हाथों में थी। दलित स्त्रियों के मुद्दे उस आन्दोलन का हिस्सा नहीं बने। यह आन्दोलन दहेज विरोधी कानून, घरेलू हिंसा और महिला आरक्षण बिल पर केन्द्रित रहा। देश भर में फैले स्त्रीवादी संगठनों के संघर्षों की बदौलत ही दहेज विरोधी और घरेलू हिंसा कानून बनाया गया। आज स्त्रियों पर होनेवाली यौन हिंसा के विरोध में भी स्त्री संगठनों की भूमिका सराहनीय है। भारतीय स्त्रीवादी आन्दोलन में आज कई गैर सरकारी संगठन भी शामिल हैं जिनके पास स्त्री विमर्श, अध्ययन और अन्य सभी स्त्रीवादी महत्त्वपूर्ण मुद्दों की बागडोर है जिसका मुख्य प्रेरणास्रोत पश्चिमी देशों के महिला आन्दोलन है।

इस प्रभावशाली शिक्षित सम्पन्न और सवर्ण स्त्रीवर्ग ने कभी भी भारतीय दलित आदिवासी और बहुजन स्त्रीवादी संघर्ष, उसका दर्द और सोच को जानने की कोशिश नहीं की। दलित स्त्रीवादी दर्शन भारतीय सनातन इतिहास और अध्ययन का हिस्सा नहीं है बल्कि उसका विरोधी है। जिस दर्शन का निर्माण सीमित ब्राह्मणवादी सोच से हुआ हो जहाँ सवर्ण स्त्रीवाद को भी स्वीकार नहीं किया गया वहाँ दलित स्त्रीवाद की जगह कैसे हो सकती है। उसे कहीं और तलाशा जाना चाहिए जिससे उसकी प्रामाणिकता साबित हो सके। दलित स्त्रीवाद एक स्त्री द्वारा रचित वाद या सोच नहीं है यह दलित स्त्रियों के सदियों के दर्द, उसके संघर्ष का प्रमाण है जो इतना विशाल और विस्तृत है जो कुछ ग्रन्थों में नहीं समाया जा सकता। दलित स्त्रीवादी दर्शन जगह-जगह देखा और अनुभव किया जा सकता है। यही दर्शन भारतीय सभ्यता का आधार है जिसकी बदौलत आज भारतीय सभ्यता विश्व की महान सभ्यताओं में शामिल है।

जाति, धर्म और संस्कृति

संस्कृति किसी वर्ग, जाति या समुदाय की परम्पराएँ, उनके द्वारा रचा गया साहित्य या कला की विभिन्न विधाओं का परिचय ही नहीं होती बल्कि उनकी सदियों की सभ्यता का इतिहास, उनके संघर्षों और अनुभवों का प्रमाण भी होती है जिस पर उस जमीन पर बसनेवाले लोगों की सोच, उनकी विचारधारा और अन्ततः उनकी अस्मिता का निर्माण होता है जबकि धर्म का जन्म और प्रसार उसका निर्माण करनेवालों की नीयत और किन उद्देश्यों के लिए किया गया, उससे तय होता है। धर्म या किसी भी सम्प्रदाय का निर्माण व्यक्तियों द्वारा किया जाता है इसीलिए संस्कृति के विशाल परिदृश्य में धर्म का स्थान छोटा ही होता है। जिसे समयानुसार घटाया या बढ़ाया जाता रहा है।

पिछली सदी में उभरे पूँजीवाद और वैश्वीकरण ने दुनियाभर में संस्कृति के महत्त्व को घटाकर धर्म के बाजारीकरण को प्रभावशाली बनाया है। आज धर्म का बाजार दुनिया में सबसे बड़ा है जो किसी भी देश की राजनैतिक दिशा तय कर सकता है। भारतीय संस्कृति दुनिया की प्राचीनतम संस्कृतियों में से एक है। यह इसी संस्कृति की बदौलत है कि यहाँ दुनिया के चार बड़े धर्म और असंख्य सम्प्रदायों का जन्म हुआ और आज तक सवा सौ करोड़ भारतीय विभिन्न धर्मों और सम्प्रदायों में अपनी आस्था रखते हुए भी एक सांस्कृतिक विरासत की छत्रच्छाया में साथ जीते रहे हैं लेकिन कुछ वर्षों से एक नई उभरी उग्र हिन्दुत्ववादी विचारधारा ने देश की शान्ति और भाईचारे में सेंध लगा दी जिसके कारण सभी अल्पसंख्यक समुदाय, दलित और स्त्रियाँ आतंकित हैं।

भारत में ही दुनिया के सबसे प्राचीन धर्म का जन्म हुआ जिसने धर्म की अवधारणा को गढ़ा, उसके सिद्धान्त को रचा। जिसने सांस्कृतिक रूप से एक शक्तिशाली समाज को विभिन्न वर्णों और जातियों में बाँटकर कमजोर बना

दिया। विश्व इतिहास में जिसका एक बड़ा हिस्सा गुलाम देश के रूप में दर्ज है। पिछले जन्म के कर्मों के आधार पर इस जन्म को निर्धारित किए जानेवाला ऐसा अवैज्ञानिक फलसफा जिसने मानवता को शर्मिन्दा किया विश्व को दिया। कुछ मुट्ठी भर धूर्त व्यक्तियों ने शत्रु, अतिशत्रु और स्त्रियों के सबसे बड़े वर्ग को अपने ही देश में गुलाम बना दिया। उन्हें डरा धमकाकर उन पर असमता और पुरुष वर्चस्ववादी सोच लादने का काम किया, जो पिछले पाँच हजार सालों से एक ऐसी व्यवस्था को बनाए रखने की जिम्मेदार है जिसने एक छोटे से उच्चवर्णी वर्ग के कब्जे में देश की सारी सम्पत्ति, धन-दौलत, सत्ता, जमीन, प्राकृतिक संसाधन यहाँ तक कि सारे जंगल और खनिज भी दे दिए। अधिकांश जनसमुदाय को शिक्षा, रोजगार और सभी मानवाधिकारों से वंचित किए रखा। इस अन्यायपूर्ण व्यवस्था के विरुद्ध समय पर कई आन्दोलन हुए। बौद्ध, जैन और सिक्ख धर्म अस्तित्व में आए।

देश के कई हिस्सों में समय-समय पर चले सन्तों की परम्परा भी ऐसा आन्दोलन था जिसने जाति, ब्राह्मणवाद और सभी सामाजिक अन्याय जैसे मुद्दों पर अपने लेखन द्वारा जोरदार प्रहार किया। इस दौरान जो साहित्य लिखा गया आज तक कई प्रगतिशील संघर्षों का हिस्सा है। वास्तव में ऐसी विचारधाराएँ ही भारतीय सांस्कृतिक विरासत की नींव हैं। ऐसी तमाम विचारधाराएँ जो समाज के वंचित और कमजोर वर्ग के अधिकारों के लिए संघर्ष करती रहीं, धर्म से कहीं पहले अस्तित्व में आईं। इस बात को ध्यान में रखा जाना चाहिए कि खानपान, वेशभूषा और भाषा बोली भी संस्कृति का हिस्सा है जिसके बनने में उस जमीन पर बसनेवाले लोग, उनके आसपास का माहौल, मौसम और उस जमीन पर उगनेवाली फसलें भी जिम्मेदार होती हैं। इसमें धर्म की कोई भूमिका नहीं है।

भारत ऐसा देश है जिसने पूरी दुनिया को आकर्षित किया है। समय-समय पर यहाँ कई व्यक्ति और समुदाय आते रहे। कुछ लूट के इरादे से आए, कुछ राज करने, व्यापार और कुछ अपने-अपने धर्म का प्रचार-प्रसार करने के लिए आए। ऐसे कई समुदाय हैं जो अपने साथ अपनी कला और संस्कृति के साथ-साथ कई तरह के अनाज, फल, सब्जियाँ और पेड़-पौधे भी लाए जो आगे चल कर

भारतीय जमीन में रच बस गए, जिसने भारतीय संस्कृति को और भी कलात्मक और विशाल बनाया।

16वीं सदी में यमन से कर्नाटक आए सूफी बाबा बुदान अपने साथ 7 कॉफी के बीज लाए जिसे उन्होंने वहाँ 7 जगहों पर बो दिया ये इतना फले कि आज कॉफी सिर्फ कर्नाटक की ही नहीं बल्कि पूरे दक्षिण भारत की संस्कृति का सबसे महत्त्वपूर्ण हिस्सा है।

मुगल भले ही राज करने की नीचता से भारत में आए लेकिन वे यहीं बस गए। उनके आखिरी वारिस का अन्त भी इसी जमीन पर हुआ। उन्होंने अपनी बेजोड़ कारीगरी और वास्तुकला से भारतीय सांस्कृतिक विरासत को और भी समृद्ध बनाया।

आज भारतीय संस्कृति ही दुनिया की एकमात्र ऐसी विरासत है जिसमें दुनिया की सभी नस्लों की सभ्यताओं का प्रभाव दिखाई देता है। भारतीय संस्कृति की इसी विशेषता के कारण जनमानस से उसका गहरा जुड़ाव और आत्मीयता हमेशा से बनी रही है। संस्कृति घर, आँगन हर जगह मौजूद रहती है जबकि अधिकांश भारतीयों को आज भी मन्दिरों में प्रवेश की मनाही है।

भारतीय संस्कृति का सबसे महत्त्वपूर्ण हिस्सा लोक संस्कृति है जहाँ प्रदर्शनकारी और सृजनकारी लोक कलाओं का भंडार है, जिसका उपयोग मनोरंजन के साथ ही हिन्दू धर्म के प्रचार और प्रसार के लिए किया गया। धीरे-धीरे मिटती इस संस्कृति ने सदियों से भारतीय दर्शकों के मनोरंजन और ज़रूरत की सभी सुविधाएँ मुहैया कराई। आज तक जिसका संवर्धन और संरक्षण दलित पिछड़ी जातियाँ और स्त्रियाँ कर रही हैं। संस्कृति की ताकत और देश के कोने-कोने में फैले उसके प्रभाव की वजह से कुछ साम्प्रदायिक ताकतों ने 21वीं सदी में एक नई उग्र विचारधारा सांस्कृतिक राष्ट्रवाद के नाम से पूरे देश पर लादने का काम शुरू किया है जिसकी परिभाषा पर सन्देह है पर उद्देश्य पूरा देश जानता

है। इतिहास के पुनर्लेखन की तरह सांस्कृतिक परिवर्तन भारतीय संस्कृति के बहुलतावादी अस्तित्व के लिए खतरनाक साबित होगा। यह दलित आदिवासी पिछड़ी जातियों, अल्पसंख्यकों और स्त्रियों के सबसे बड़े नागरिक वर्ग की अभिव्यक्ति और उनकी अस्मिता को खत्म कर देगा जो सदियों पुरानी बहुजन संस्कृति को मिटाकर दोबारा ब्राह्मणवादी व्यवस्था को जीवित कर देशभर में हिंसा और अन्याय की परम्परा की शुरुआत करेगा, जिसका असर आज देश भर में देखा जा रहा है।

आमची मुम्बई

मुम्बई भारत का एक मात्र ऐसा शहर है जहाँ देश के हर कोने से आई अकेली स्त्री जी सकती है और अपने परिवार को भी पाल सकती है। यही एक ऐसा शहर है जहाँ हर वर्ग, हर जाति और हर धर्म की स्त्री भी हर व्यवसाय में अपनी जगह बना सकती है। चाहे वह फिल्म इंडस्ट्री हो या घरों में बर्तन सफाई का काम। मुम्बई आज भी स्त्रियों के लिए देश भर में सबसे सुरक्षित शहर है। फुले दम्पति और डॉ. अम्बेडकर के संघर्षों का असर आज भी इस शहर में साफ दिखाई देता है। यह शहर जागरूक है, स्त्रियों का सम्मान करना जानता है अन्य राज्यों की अपेक्षा कहीं ज़्यादा।

जीमीबाई

गुजरात में राजुला शहर के पास एक छोटे से गाँव से 16 साल की उम्र में वह अपने पति के साथ मुम्बई आई थी। गोद में 3 महीने का बेटा लेकर। पति किसी कम्पनी में कचरा उठाने और सफाई का काम करते थे। इसी शहर में उनके तीन और बच्चे हो गए। जब गुजारा करना मुश्किल हो गया तब उन्होंने भी सोसायटी के घरों का कचरा उठाने और सीढ़ियाँ साफ करने का काम शुरू किया। लेकिन जल्दी ही पति की टी.बी. से मृत्यु हो गई। उसके बाद से वे अकेली ही परिवार को सँभालती रही। जब बड़ा बेटा 16 साल का हो गया वह भी माँ के साथ कचरा उठाने लगा। आज 40 सालों बाद भी वे कचरा उठाकर खुद को और अपने परिवार को पाल रही हैं और उनके बच्चे उनकी विरासत को आगे बढ़ा रहे हैं— सड़क की सफाई और कचरा उठाकर।

आयशा शेख

पश्चिम बंगाल में मालदा जिले के एक छोटे-से गाँव से मात्र 13 साल की उम्र में मुम्बई आई थी। घर में 7 भाई बहन और माँ थी। पिता मालदा शहर में

राशन की दुकान में चावल, शक्कर और गेहूँ की बोरियाँ उठाने का काम करते। गाँव में कोई काम नहीं था। पिता की कम तनख्वाह से गुजारा नहीं होता। अक्सर परिवार को कई-कई दिनों तक भूखा रहना पड़ता। एक दिन पिता की मृत्यु हो गई। परिवार सदमे में आ गया। जब कोई रास्ता दिखाई नहीं दिया तब आयशा एक औरत के साथ मुम्बई आ गई।

वह औरत अगल-बगल के गाँवों से जवान लड़कियों को काम दिलाने मुम्बई ले जाती थी। उसने आयशा को एक बार में डांसर का काम दिला दिया। आयशा ने उस बार में काम करते-करते गाँव में अपने पूरे परिवार को पाला, पक्का घर बनवाया, बहनों की शादियाँ की, भाइयों को पढ़ाया। इसी में 10 साल गुजर गए।

इसी बीच आयशा का सम्बन्ध एक अमीर व्यापारी से हो गया। वह रोज रात बार में आता और जमकर उस पर पैसे लुटाता। धीरे-धीरे वह उसके साथ बाहर भी जाने लगी। खूबसूरत जगह और खुली हवा उसे बहुत अच्छी लगने लगी। एक दिन पता लगने पर कि वह माँ बननेवाली है, वह ऐसा गायब हुआ कि फिर नहीं लौटा। उससे सम्पर्क करने के सारे प्रयास असफल हो गए।

आयशा ने उस दर्द को अकेले ही सहा। अकेले ही बच्चे को जन्म दिया। उसे पढ़ा-लिखा कर हर लिहाज से बड़ा आदमी बनाया। आज वह अपने बेटे, बहू और पोते-पोती के साथ मुम्बई में रहती है। डांस बार कब का छूट गया पर नहीं छूटा तो आयशा का काम, वह आज भी कलकत्ता से रेडीमेड कपड़े मँगा कर दुकानों में सप्लाई करती है।

गहना यादव

अपनी जालिम सास से तंग आ गहना अपने पति के साथ आजमगढ़ से सालों पहले मुम्बई आई। यहीं आकर उसके दो बेटे हुए। पति किसी सेठ की गाड़ी चलाते थे। एक रात उनकी ऐक्सीडेंट में मृत्यु हो गई। ससुराल के लोगों ने उस पर बहुत जोर डाला कि वह बच्चों के साथ गाँव लौट जाए, मुम्बई जैसे बड़े शहर में वह अकेली छोटे-छोटे बच्चों के साथ कैसे जी पाएगी।

गहना के आस-पड़ोस में रहनेवाली औरतों ने उसे समझाया कि वह मुम्बई में ज़्यादा अच्छी तरह से गुजारा कर पाएगी, अपने बच्चों को भी पढ़ा सकेगी। गहना ने मुम्बई में ही रहने का फैसला किया। आज वह जिस झोपड़पट्टी में रहती है वहीं सब्जी की दुकान लगाकर सब्जी बेचने का काम करती है, बच्चे भी पढ़ रहे हैं।

सेल्वी

दबंगों के जुल्म से तंग आकर सेल्वी और उसके पूरे परिवार ने ईसाई धर्म को अपना लिया। कुछ ही महीनों बाद उसके पति की हत्या कर दी गई। इसी से डरकर वह अपने 3 बच्चों को लेकर मुम्बई आ गई। मुम्बई में उसके दूर के रिश्ते का भाई रहता था। उसी ने उसका अपनी उस बस्ती में रहने का इन्तजाम किया जहाँ तमिलनाडु से काम की तलाश में आए लोग रहते थे। सेल्वी का जन्म तमिलनाडु में सेलम डिस्ट्रिक के एक छोटे से गाँव में हुआ था। दोनों पति-पत्नी खेतों में काम करते थे। मुम्बई आकर भाई ने शुरू में उसे बगल के होटल में डोसे और बड़े के लिए चावल-दाल और चटनी पीसने का काम दिलाया। धीरे-धीरे कुछ सालों बाद उसने खुद अपना दक्षिण भारत के व्यंजनों का ठेला लगा लिया। आज सारा परिवार मिलकर एक छोटा-सा होटल चलाते हैं।

जनाबाई पवार

पति मुम्बई की कपड़ा मिल में कामगार थे। सांगली जिले के एक छोटे-से गाँव से शादी के बाद वह मुम्बई आई। आज़ादी से पहले मुम्बई के लोअर परेल इलाकों में कई कपड़ा मिलें थीं। मिल के अहाते में ही कामगारों के रहने के लिए चालें बनी थीं। वहीं जनाबाई ने अपनी गृहस्थी बनाई। चार बच्चे हुए जब स्कूल जाने लगे तभी अचानक मिल में हुए एक्सीडेंट में पति की मृत्यु हो गई। मिल में नौकरी मिली नहीं, घर भी छोड़ना पड़ा। बड़ा भाई भी मुम्बई में माटुंगा लेबर कैम्प में रहता था और मुम्बई सेंट्रल रेलवे स्टेशन में कुली का काम करता था। उसी ने बगल में एक खोली किराए पर लेकर दी।

माटुंगा पूर्व में दक्षिण भारतीयों के मन्दिर और फूलों के हार की कई दुकानें हैं। उन्हीं में से एक दुकान से हार बनाने का काम उसे मिल गया। धीरे-धीरे बड़ा बेटा दादर की फूल मंडी में मुँह-अँधेरे पहुँच जाता सस्ते फूल लेकर घर आता, माँ और बहनें सुन्दर-सुन्दर हार बनाकर दुकानवाले को दे आतीं। मालिक नेक आदमी था रोज के पैसे दे देता, कभी ज़रूरत पड़ने पर एंडवास भी दे देता। आज जनाबाई का परिवार आत्मनिर्भर है। बड़ा बेटा आटो रिक्शा चलाता है, छोटा कम्पनी में चपरासी है। दोनों बेटियों की शादी हो गई। सभी अपने-अपने घरों में खुश हैं। अभी भी, इतनी उम्र हो जाने के बाद भी वह फूलों के हार बनाती हैं। उसे हार बनाकर जो खुशी मिलती है, वह कहीं और नहीं मिलती। इन्हीं फूलों ने उसके कठिन जीवन को सुन्दर बनाया।

दीपा

दीपा का परिवार 15-16 सदी में आसाम के प्रसिद्ध सामाजिक और धार्मिक सुधारक शंकरदेव के अनुयायी हैं। उसका जन्म तेजपुर के आसपास किसी छोटे से गाँव में हुआ। परिवार बेहद गरीब था। किसी तरह से उधार लेकर एक गाय खरीदी। गाय का दूध बेचकर भी गुजारा नहीं चल पाता था। गाँव में एक-दो घर छोड़कर बाकी लोग जब चाय बनाते तभी 50 ग्राम या 100 ग्राम ही दूध खरीदते, बचे दूध से दीपा की माँ कभी पनीर या मिठाई बनाकर बेच देती।

दीपा की शादी हुई। उसके पति की पहली पत्नी मर गई थी। ससुराल अच्छा खाता-पीता परिवार था सो माँ-बाप ने शादी कर दी। एक बेटी को तो भरपेट खाना, कपड़ा और छत मिलेगी। पीछे 3 बेटियाँ और भी थीं। ससुराल पहुँची दीपा के सपने एक हफ्ते में ही टूट गए। पति बहुत गुस्सेवाले थे। छोटी-छोटी सी बात पर भी हाथ उठा देते। सास भी सारा दिन काम में लगाए रखती। बड़ी मुश्किल से उसने 7 साल गुजारे। बच्चा न होने के कारण अलग से प्रताड़ना सहनी पड़ती।

एक दिन तंग आकर वह चुपचाप अपनी ससुराल से निकल गई। किसी तरह से गुवाहाटी पहुँची फिर अपनी अँगूठी बेचकर मुम्बई पहुँच गई। मुम्बई उसके लिए एकदम अनजान शहर था। इतना बड़ा शहर उसकी उम्मीदों से भी बड़ा शहर। वह डर गई। एक बार सोचा कि वापस चली जाए पर कहाँ जाए। माँ-बाप के घर खुद खाने को नहीं उसे कैसे पालेंगे। गाँव में कुछ काम नहीं, उसे कहीं बाहर तो निकलना पड़ता तो मुम्बई ही सही। जल्दी पैसे भी खत्म हो गए। फिर कान के बूँदे बेच दिए।

एक शाम वह फुटपाथ पर बैठी रोने लगी तब सड़क की दूसरी तरफ सब्जी बेचनेवाली कुन्दाबाई ने उसे देखा। वह उठकर उसके पास आई और साथ लेकर अपने ठेले पर अपनी जगह पर आ गई। कुन्दाबाई ने उसे चाय पिलाई फिर उसकी पूरी कहानी सुनी। रात को धन्धा बन्द करके उसे लेकर अपनी खोली में आ गई। ज्वार की भाकरी और मिर्ची लहसून के ढेचे से दोनों ने खाना खाया।

दूसरे ही दिन से कुन्दाबाई ने उसे उधार नारियल दिलाकर अपने बगल में बोरी बिछाकर जमीन पर ही बिठा दिया। दीपा कुछ और भी करना चाहती थी। इसी बीच उसकी नजर सामने के पार्क में पड़ी जहाँ रोज सुबह 10 बजे औरतें जमा होतीं। वहाँ एक आदमी छोटे से टेम्पू में कुछ पैकेट लाकर उन्हें देता और

वे सब आसपास की बिल्डिंग के फ्लैट्स में रहनेवालों को बेचने जातीं। उसने दोपहर में यह काम शुरू किया लेकिन यहाँ भी खूब मेहनत पर शाम को कुछ ज़्यादा हाथ नहीं आता।

फिर एक दिन एक सोसायटी के चौकीदार ने उसे बताया कि वहाँ का धोबी गाँव जा रहा है वह चाहे तो उसके वापस आने तक उसका काम सँभाल ले। तब तक वह काम सीख ले और देख ले; शायद कुछ ज़्यादा ही कमा लेगी। उसके लिए यह अच्छा मौका था। वह जल्दी काम भी सीख गई। साल भर के अन्दर ही पैसे जमा कर-कर के उसने सामान खरीद लिया। शुरू में वह खुद ही कपड़े प्रेस करती थी। धीरे-धीरे उसने अपना ठेला भी खरीद लिया और एक लड़का भी रख लिया जो प्रेस करता था। आज वह कपड़े लाने और प्रेस का कपड़ा घरों में पहुँचाने का काम करती है।

साहित्य और दलित स्त्रीवाद

जाति और स्त्रीवादी मुद्दे भारतीय सामाजिक व्यवस्था में शोषण की सबसे भयानक मिसाल हैं जिसका निर्माण सिर्फ गुलामी को ध्यान में रख कर ही किया गया है। जाति का कोई वैज्ञानिक आधार नहीं है इसके बावजूद भी पाँच हज़ार सालों से जिन्दा है। बुद्ध, बसवेश्वर, फुले, पेरियार और अम्बेडकर के अलावा भी कई महान शख्सियतों ने जाति और ब्राह्मणवाद से कई लड़ाइयाँ लड़ीं पर पूरी तरह से सफल नहीं हो पाए। भारत में सभी नागरिकों को समता और सम्मान का अधिकार केवल बुद्ध के संघ, बसवेश्वर के अनुभव मंटप, फुले के सत्य शोधक समाज और अम्बेडकर के संविधान में ही मिला, जहाँ जाति और जिंसियत के सवालों की कोई जगह नहीं थी। उसके बाहर समाज में जाति सभी जगह आज तक जिन्दा है।

जाति और ब्राह्मणवाद के विरोध में साहित्य की भूमिका सबसे महत्त्वपूर्ण है, विशेषकर कविता की। समूचा भक्तिकाल जाति के विरोध में एक बड़ा आन्दोलन था, जिसमें अधिकांश कवि दलित और पिछड़ी जातियों के थे। सामाजिक न्याय के लिए उनके संघर्षों का माध्यम कविता और लोकगीत जैसी विधाएँ रहीं। अध्यात्म और सरोकार के इस माध्यम ने उस समय बड़ी क्रान्ति की। बुद्ध, बसवेश्वर, फुले और डॉ. अम्बेडकर सभी की जाति एक-दूसरे से अलग थी। बुद्ध क्षत्रिय, बसवेश्वर ब्राह्मण, फुले पिछड़ी और डॉ. अम्बेडकर दलित थे। उनका वर्ग भी अलग था। बुद्ध राजा थे, बसवेश्वर कल्याण नगर के राजा बिजुल के कुछ समय के लिए प्रधानमन्त्री रहे। फुले के परिवार में फूलों की खेती और उसका व्यापार किया जाता था। डॉ. अम्बेडकर के पिता ब्रिटिश फौज में सूबेदार थे यानी नौकरीपेशा थे। उनके संघर्षों का काल भी अलग-अलग था। बुद्ध लगभग 2600 ई. पूर्व, बसवेश्वर 12वीं सदी में, फुले 18वीं सदी और डॉ. अम्बेडकर ने 19वीं सदी के आरम्भ में अपने संघर्षों की शुरुआत की। सब-कुछ अलग होते हुए भी उनके संघर्षों का मकसद एक ही था। जाति

और ब्राह्मणवाद के दंश से गरीब जनता की मुक्ति विशेषकर दलित और स्त्री की। इन सभी विद्वान महापुरुषों ने अपने-अपने आन्दोलन के लिए साहित्य को प्रमुख माध्यम के रूप में स्वीकार किया और संस्कृत की बजाय उस समय पर बोली जानेवाली आम जनता की भाषा को महत्त्व दिया जो जल्दी ही जनमानस तक पहुँची और स्वीकारी गई जिसका असर आज तक प्रभावी रूप में मौजूद है।

बुद्धकालीन थेरी गाथाएँ

बुद्ध ने जाति और ब्राह्मणवाद पर सबसे बड़ी चोट तब पहुँचाई जब उन्होंने वंचित वर्गों और स्त्रियों को दीक्षा देकर अपने संघ में शामिल कर लिया। उस समय जब जाति अपने क्रूरतम रूप में समाज में हर जगह मौजूद थी। गरीबी और अन्याय से समाज का एक बड़ा वर्ग त्रस्त था तब बुद्ध के संघ में सभी जाति वर्ग के स्त्री पुरुष अपना घर-द्वार सब छोड़कर शामिल हो गए। संघ में सभी के साथ समता, करुणा और सम्मान भरा व्यवहार होता था, जहाँ जाति और जिंसियत के भेदभाव के लिए जगह नहीं थी। इसी माहौल में प्रभावी और महत्त्वपूर्ण साहित्य लिखा गया जिसमें कई स्त्रियों का लेखन शामिल है। स्त्रियों द्वारा लिखा गया साहित्य थेरी गाथा के रूप में उपलब्ध है। उस वक्त हजारों थेरियों ने लिखा लेकिन आज सिर्फ 73 थेरियों द्वारा लिखा गया साहित्य मिलता है। उनमें से थेरी मुक्ताजी गरीब ब्राह्मण की बेटी थीं लेकिन बुद्ध की शरण आकर उन्होंने बौद्ध धर्म की दीक्षा ली, उनकी लिखी कई कविताएँ महत्त्वपूर्ण हैं जो उनकी मन:स्थिति को दर्शाती हैं।

ओह! यह कैसा स्वातन्त्र्य है, अनुपम मुक्ति है, मुक्त हुई हूँ अब मैं तीन झंझटों से, चक्की पीसने से, कूटने से, बीमार पति से। रसोई-घर की गन्दी नौकरी से, काले गन्दे रसोई के बर्तनों से, राक्षस पति से परिपूर्ण मुक्त मैं।

बुद्ध के संघ में स्त्री और वंचित वर्ग को इतनी स्वतन्त्रता मिली कि वे निर्भीक हो अपनी भावनाएँ व्यक्त कर पाए। साहसिक मुट्ठीभर ब्राह्मणी के हाथों में न रहकर जनमानस तक पहुँचा और साहित्य का विस्तार हुआ।

बसवेश्वर और वचन साहित्य

5वीं सदी में तमिलनाडु और 12वीं सदी में कर्नाटक में जाति के विरोध में कई बड़े आन्दोलन हुए। इसी दौरान सभी वंचित वर्ग के लेखकों ने ऐतिहासिक साहित्य लिखा। यह आन्दोलन इसलिए भी महत्त्वपूर्ण है क्योंकि इस लेखन में स्त्रियों की भी भागीदारी है। लगभग 35 स्त्री लेखिकाओं का साहित्य

आज उपलब्ध है। इन सभी लेखिकाओं ने धर्म में लोकतन्त्र, जाति और अन्धविश्वास का विरोध, श्रम संस्कृति का सम्मान ऐसे महत्त्वपूर्ण विषयों पर लिखा। वचन साहित्य के जनक बसवेश्वर भले ही ब्राह्मण थे लेकिन जितना विरोध उन्होंने जाति और ब्राह्मणवाद का किया उस समय शायद किसी और ने किया हो। उन्होंने 'अनुभव मंटप' की स्थापना की जिसे विश्व के पहले साहित्य संसद के रूप में जाना जाता है जहाँ सभी लेखकों की रचनाओं पर चर्चा की जाती। जब उसे तर्कपूर्ण और सरोकारों से जुड़ा पाया जाता तभी उसकी प्रतिमा बनाई जाती और उसे दूर-दूर तक अन्य स्थानों में भेजा जाता। सभी विषयों पर बहस होती, सभी के विचार सुने जाते और सभी की सहमति से नीतियाँ बनाई जातीं।

बसवेश्वर स्वयं भी ऊँचे दर्जे के कवि थे। उनके लेखन से उस वक्त क्रान्तिकारी बदलाव हुए, एक जगह वे लिखते हैं।

वेद हिलने लगा, शास्त्र डुलने लगा
तर्क चिन्तन नहीं कर सकने से झुकने लगे
आगम दूर हट कर खड़ा हुआ
हमारे कूडल संगमय्या के
अस्पृश्य जाति के घर में
भोजन करने के कारण

-अनुभव मंटप की एक दलित कवयित्री

शरणी गोग्गवे स्त्री पुरुष भेद पर लिखती हैं।

थन चोटी से स्त्री कहलाएगी
मूँछ और काछ से पुरुष कहलाएगा
इन दोनों में स्थित ज्ञात स्त्री है या पुरुष
हे नास्ति नाथ!

इसी वचन साहित्य के आन्दोलन ने 12वीं सदी में स्त्रियों को अभिव्यक्ति की स्वतन्त्रता दी। स्त्रियों की इस अभिव्यक्ति ने साहित्यिक सरोकार में समझ, विवेक और समता का विस्तार किया। उनके प्रश्न सिर्फ तर्कसंगत ही नहीं बल्कि वैज्ञानिक तथ्यों पर आधारित थे। स्त्री-पुरुष सम्बन्धों, प्रेम पर, सामाजिक सोच पर भी सवाल किए गए। शरणी गोग्गवे के एक वचन में कहा गया है कि

पुरुष यदि स्त्री से प्रेम करके उसे अपनाता है तो वह पुरुष का आभूषण मानी जाती है।

स्त्री यदि पुरुष से प्रेम कर उसे अपनाती है तो इसे क्या कहा जाता है? इस द्वि-विद्या के द्वन्द्ध से मुक्त होकर समभाव से रहना ही सुख है।

नास्ति नाथ ही परिपूर्णता है। वचन साहित्य में कई तर्क किए गए लेकिन वही उसका जवाब भी दिया गया, यही इस साहित्य की विशेषता है। एक अन्य दलित शरणी कालवे जो दलित जीवन के हर पहलू का सम्मान करती है चाहे वह उनका रहन-सहन हो, आहार-व्यवहार हो या फिर जीवन से उनका संघर्ष एक वचन में वह प्रश्न करती है—

मुर्गी बकरी छोटी मछली
खानेवालों को कुलश्रेष्ठ कहते हो
शिवजी को पंचामृत दूध देनेवाली
गाय खानेवालों को हीन योनि का कहते हो

कैसे वे हीन जाति, कैसे ये कुलश्रेष्ठ। शरणी आगे अन्धश्रद्धा के विरोध में कहती है—विवेक के बिना केवल भस्म धारण करना, गधे का भस्म में लोटने के समान है। 12वीं सदी के इस शक्तिशाली स्त्रीवादी विमर्श जिसमें दलित स्त्रीवाद प्रमुखता से मौजूद है वह जाति, वर्ग और जिंसियत के विरोध में अपनी अलग सोच रखती है। उनकी रचनाओं ने वैदिक स्त्री सम्बन्धित मान्यताओं को उलट कर एक नई परिभाषा को जन्म दिया जो आज भी स्त्रीवादी संघर्षों में मार्गदर्शक की भूमिका निर्बाह करती है।

फूले और सत्यशोधक साहित्य

सामाजिक न्याय और स्त्रीवाद की नई व्याख्या गढ़नेवाले जोतिबा और सावित्रीबाई फुले ने दलितों और स्त्रियों के लिए 18वीं सदी के मध्य से जिस संघर्ष की शुरुआत की वह दुनिया भर में इस क्षेत्र में किए गए कुछ बड़े आन्दोलनों में अग्रणी है। 1 जनवरी, 1848 के दिन उन्होंने पुणे में तात्या साहब भिडे की हवेली में दलित लड़कियों के लिए भारत में पहला स्कूल खोलकर दलितों और स्त्रियों के लिए शिक्षा के द्वार खोले। मात्र चार महीने के अन्दर उन्होंने पुणे और उसके आसपास 18 स्कूल खोल दिए जिसमें सावित्रीबाई पढ़ाया करती थीं। इन स्कूलों में पढ़नेवाले सभी दलित और लड़कियों को मुफ्त शिक्षा दी जाती थी। उनके इन्हीं स्कूलों में पढ़नेवाली दो छात्राओं, ताराबाई शिन्दे

और मुक्ताबाई मांग (सालवे), ने उन दिनों दो ऐसे लेख लिखे जो आज दलित स्त्रीवादी विमर्श का हिस्सा हैं।

1882 में ताराबाई शिन्दे ने स्त्री-पुरुष तुलना पर एक लेख लिखा जिस पर आज तक स्त्रीवादी विमर्श में काफी चर्चा हुई और लिखा भी गया। मुक्ताबाई मांग के 1885 में लिखे लेख मांग महारों के दुःख के विषय में भी चर्चा ज़रूरी है। इस लेख में वह लिखती हैं, ''यह जानकर कि ईश्वर ने मेरे जैसी अछूत लड़की, जिसे जानवरों से भी नीचा समझा जाता है, के मन में अपने लोगों (मांग महारों) को अत्याचार सहते देख दर्द से भर दिया। सभी इन्सानों के निर्माता ने मेरे दिल में जब यह बात डाली तब उसका नाम लेकर मैं हिम्मत कर रही हूँ इस निबन्ध को लिखने की। वह हिम्मत जो मुझे अब मिली है। इस सृष्टि के निर्माता जिसने मांग महारों को बनाया उसी ने ब्राह्मणों को भी बनाया, उसी ने मुझे लिखने की दृष्टि दी है। वह मेरे श्रम का फल अच्छे परिणाम के रूप में देगा।''

अगर हम वेदों के आधार को धिक्कारते हैं तब इन असहशील ब्राह्मणों का जो अपने आप को हमसे बहुत ज़्यादा ऊँचा समझते हैं कि वेद केवल उनके लिए ही हैं उनकी निजी सम्पत्ति हैं। अब अगर वेद उनके लिए है तो निश्चित ही वह हमारे लिए नहीं है। अगर वेद केवल ब्राह्मणों के लिए है तब तो यह एक खुला सत्य है कि हमारे पास किताब नहीं है, हम बिना किताब के हैं, हम बिना किसी भी धर्म के हैं। अगर वेद केवल ब्राह्मणों के लिए है, तब हमें वेदों के अनुसार चलने की कोई ज़रूरत नहीं है। वेदों के देखने मात्र से ही हम भयानक पाप के भागीदार बन जाते हैं, तब उसका पालन करना क्या बेवकूफी नहीं होगी। मुसलमान अपना जीवन कुरान के अनुसार ही जीते हैं, अंग्रेज अपनी बाइबिल के अनुसार और ब्राह्मण अपने वेदों के साथ। क्योंकि उन सभी का अच्छा या बुरा जो भी धर्म है वे उसके अनुसार चलते हैं। वे हमसे तो ज़्यादा खुश हैं हमारे पास कोई धर्म नहीं है। ओह! ईश्वर हमें बताओ कि हमारा धर्म क्या है। हमें हमारा सच्चा धर्म सिखाओ ताकि हम उसके अनुसार जी सकें। वह धर्म जिसमें केवल एक व्यक्ति सुविधा सम्पन्न और बाकी सब वंचित हो इस दुनिया से गायब हो जाए और फिर कभी भी हमारे दिमाग में न आए कि हम क्यों ऐसे धर्म की बड़ाई करें जो इतनी असमानता से भरा है।

इन लोगों ने हम गरीब मातंग-महारों को हमारी ही जमीन से निकाल दिया है, और बड़ी-बड़ी इमारतें बनाने के लिए उस पर कब्जा कर लिया। इतना ही नहीं ये मांग महारों को शिक मिला तेल पिलाकर अपनी इमारतों की नींव में दफना देते हैं। इस तरह वे हमारी सारी नस्ल ही लगातार खत्म कर रहे हैं। जब

हमारी स्त्रियाँ बच्चों को जन्म देती हैं उनके सर पर छत नहीं होती। वे किस तरह बारिश और ठंड सहती हैं। कृपया अपने अनुभव से इस बात को महसूस करें कि बच्चा जनते वक्त अगर उन्हें कोई बीमारी हो जाए तब उनके पास कोई डॉक्टर या दवाई के पैसे भी नहीं होते तब क्या आप में से कोई ऐसा डॉक्टर है, जो इन्सानियत के नाते ही ऐसी स्त्रियों का बगैर पैसे लिए इलाज कर सके?

1885 में लिखे गए इस लेख में मुक्ताबाई मांग ने दलितों के लिए किसी अन्य धर्म परिवर्तन की बात कही है जो डॉक्टर अम्बेडकर के बौद्ध धर्म में प्रवेश से 70 साल पहले की सोच है, वह भी 14 साल की एक दलित लड़की की।

सावित्रीबाई फुले ने स्वयं भी काफी साहित्य लिखा जिसमें उनके दो कविता संग्रह शामिल हैं। बावन कशी सुबोध रत्नाकर और काव्य फुले और अन्य कई लयबद्ध गीत हैं। फुले दम्पति ने 'सत्यशोधक समाज' की स्थापना की। सामाजिक न्याय और जन चेतना के लिए सभी माध्यमों द्वारा जन मानस तक पहुँचने का प्रयास किया, जिसके फलस्वरूप समाज में परिवर्तन आने शुरू हुए। इस काल में सत्यशोधक जलसे की शूरूआत हुई। अच्छा साहित्य लिखा जाने लगा जिसमें स्त्रियों की भागीदारी रही।

डॉ. अम्बेडकर और आधुनिक दलित स्त्रीवादी साहित्य

डॉ. अम्बेडकर के आन्दोलन के दौरान ही दलितों में आई जन क्रान्ति ने दलित स्त्री-पुरुषों को शिक्षा और लिखने के लिए प्रोत्साहित किया। डॉ. अम्बेडकर के जीवन काल में कुछ स्त्रियों ने लिखा लेकिन दलित स्त्रीवादी आन्दोलन ने 1970 के बाद ही गति पकड़ी जब पढ़ी-लिखी दलित लेखिकाओं ने लिखना शुरू किया। हालाँकि आरम्भ में अधिकांश दलित स्त्रियों ने अपने आत्मकथांश ही लिखे लेकिन कहानियाँ, गीत और कविताएँ भी लिखी गईं, जिन्हें बहुत सराहा गया। इन महिला लेखकों में आज उर्मिला पवार, मिनाक्षी मून, शान्ता बाई काम्बले, बेबी बाई काम्बले, हीरा बंसोड़, प्रज्ञा दया पवार जैसी कई प्रतिष्ठित लेखिकाएँ हैं, जिनके लेखन ने मराठी मुख्यधारा के साहित्य में हलचल पैदा की। आज देश के सभी भागों में स्थानीय भाषाओं में दलित आदिवासी और पिछड़ी जातियों की लेखिकाएँ लिख रही है। हिन्दी में युवा लेखिका रजनी तिलक, अनीता भारती, हेमलता माहेश्वर, रजनी अनुरागी, रजत रानी मीनू और पूनम तुषामण जैसी कई लेखिकाएँ हैं जिनके लेखन ने मुख्यधारा की स्त्रीवादी विमर्श को ताकत दी, उसकी सीमाएँ तोड़ीं, पितृसत्ता और कट्टर

धार्मिक मान्यताओं को कटघरे में खड़ा किया है। मराठी की श्रेष्ठ कवयित्री हीरा बंसोड़ और हिन्दी की युवा लेखिका पूनम तुषामण की कविताओं के कुछ अंश जिनके सवाल सभी को विचलित करते हैं—

फरियाद : हीरा बंसोड

लोगो ! मैं तुम्हारे न्यायालय में फरियाद लाई हूँ
आप क्या मुझे न्याय दोगे?
अपने ही घर में मैं निष्कासित
उपेक्षा की उम्रकैद काट रही हूँ
जन्मों जन्मों से
मेरा पिता, मेरा भाई, मेरा पति
इन भारी रिश्तों के भार तले
मेरा नाजुक अस्तित्व दब रहा है
मुझे दबाया जाता है कदम-कदम पर
मेरी आज़ादी मेरा अस्तित्व
मेरा हक मेरी सोच
घिरे-घिरे कैसे गुलाम हो गए
मेरे घर में, मेरे समाज में
मेरे देश में मेरा कुछ भी नहीं
मैं कौन हूँ इसका कोई जवाब दोगे
मुझे न्याय दोगे?

नदी

नदी बोली सागर से
मैं जीवन भर बहती आई हूँ
सिर्फ तेरे लिए
मैं अपने पहले के अस्तित्व
को मिटा कर
आखिर में ही हो गई सागर

अरे! स्त्री का दान हमेशा होता है।
ऐसा ही आकाश सा
सागर आत्म केन्द्रित सिर्फ
अपना ही जाप करता
कभी तू बना नहीं नदी
मुझमें समाने के लिए
मुझमें विलीन होने के लिए
मेरा होने के लिए

पूनम तुषामड़

जरा देखो उन खाली निराश
पत्थर हो गई आँखों को
और बताओ की तुम्हारे
लोकतन्त्र की कौन-सी तस्वीर
उभरती है इनमें?
गौर से निहारो
वक्त के थपेड़ों से जर्जर
असहाय बूढ़ी हो गई
उस काया को
जो तुम्हारी घृणित व्यवस्था को
अपने सिर पर
मैले के रूप में ढोती है
और विचारों का खंडहर
हो चुकी यह देह
कैसे उठा पाई
चार-चार सन्तानों के विछोह का बोझ
जो एक-एक कर बन गए
तुम्हारी व्यवस्था जनित भूख
बीमारी और गरीबी का त्रास
फिर भी नहीं काँपा तुम्हारा हृदय
क्यों नहीं आया कलेजा मुँह को

क्यों मार गया तुम्हारी संवेदना
को लकवा?
क्योंकि वह तुम्हारे द्वारा गढ़े गए
इतिहास की नायिका नहीं है
न ही तुम्हारे धर्मग्रन्थ की
वरदायिनी माँ है
वह एक दलित स्त्री है।
जो इतिहास के पन्नों
से नहीं निकलती

वह निकलती है।
सुबह होते ही
दलित बस्ती से
दर्द को छुपाए
हाथ में झाड़ू लिए
और सिर पर टोकरी उठाए।

सांस्कृतिक परिदृश्य में दलित और आदिवासी स्त्री की भागीदारी

भारतीय इतिहास निरन्तर दो संस्कृतियों के टकराव का गवाह रहा है। एक अभिजात्य वर्ग की ब्राह्मणवादी संस्कृति जो सत्ता का प्रतिनिधित्व करती है, यथा स्थति बनाए रखना चाहती है, सत्ता के विकेन्द्रीकरण की विरोधी है, जिसके राष्ट्रवाद में संस्कृति की परिभाषा अलग है। इस राष्ट्रवाद के विस्तार के लिए निर्धारित कार्य योजना में उग्र सोच या विचारों की कोई सीमा तय नहीं है। इसी संस्कृति ने भारत को कभी एक वर्ग, जिन्सियत और जाति विहीन धर्म निरपेक्ष देश बनने नहीं दिया। शिक्षा, विज्ञान और तकनीक को कुछ मुट्ठीभर उच्च वर्णीय लोगों तक ही सीमित रख, पूरे देश के विकास को रोक दिया। देश के इतिहास को प्रगतिशील, समतावादी, लोकतान्त्रिक प्रक्रिया की बजाय गुलाम देश के इतिहास में तब्दील कर दिया। दूसरी संस्कृति इस अन्यायपूर्ण व्यवस्था से हमेशा लड़ती आई। यह संस्कृति शूद्र, अतिशूद्र, आदिवासी और स्त्रियों की श्रमजीवी लोक संस्कृति है जो जंगल, पहाड़ और गाँवों की मिट्टी में जन्मी और उसी जमीन में पली-बढ़ी जो सामाजिक न्याय और सत्ता के विकेन्द्रीकरण को लोकतन्त्र की बुनियादी शर्त मानती है, जिसने मोहनजोदड़ो जैसी सभ्यता को मूर्त रूप दिया। अजन्ता-ऐलोरा की गुफाओं में कलात्मक चित्रकला की। पत्थरों को तराशकर कुतुबमीनार, खजुराहो, कोणार्क, मीनाक्षीपुरम, तंजावुर, हम्पी समेत देशभर में फैले अनगिनत मन्दिरों को बनाया। दुनिया में प्रेम की सबसे खूबसूरत निशानी ताजमहल पर बेजोड़ नक्काशी की। ढाका की महीन मलमल बुनी रेशम के धागों से मुलायम कपड़ा बुना जिस पर सोने चाँदी के तारों से लाखों डिजाइन बनाए। हीरा मोती जड़े, सोने-चाँदी के सुन्दर जेवर बनाए। लोक संगीत, लोक नृत्य और लोक नाट्य की अनगिनत शैलियों का निर्माण कर देश

को मनोरंजन की कई विधाएँ दीं। यही लोक विधा देश के शास्त्रीय नृत्य, संगीत और गायन की बुनियाद है। देश को बेमिसाल सृजनकारी और प्रदर्शनकारी लोक परम्परा देनेवाले देश के इतिहास में गायब है। ऐसे सभी वर्ग हिन्दू धर्म में अछूत और पिछड़े वर्ग के दायरे में शामिल हैं जिन्हें, हजारों सालों से शिक्षा समेत सभी मानवाधिकारों से वंचित रखा गया। लेकिन इसी वंचित वर्ग ने अपना इतिहास अनगिनत चित्रकारियों और अन्य विधाओं में बनाया जो ज़्यादा प्रामाणिक है।

हिन्दू धर्म में मूलतः चार वर्ण थे। पाँचवाँ वर्ण बाद में जोड़ा गया जिसे अतिशूद्र माना गया। पहले तीन सवर्ण वर्ग के पास शिक्षा, राज्य और बाजार आए, चौथे और पाँचवें वर्ण पर श्रम सम्बन्धित वे सभी गन्दे काम जो कोई अन्य वर्ण करना न चाहे, वे जबरदस्ती थोप दिए गए। तीनों सवर्ण वर्णों में कोई जाति या उपजाति नहीं है, बल्कि गोत्र है जबकि शूद्र, अतिशूद्र वर्ण में आज लगभग 6500 जातियाँ और उपजातियाँ हैं। गोत्र सवर्णों को बिखरने नहीं देता और जाति शूद्र, अतिशूद्रों को जुड़ने नहीं देती। अन्याय और अत्याचार के विरुद्ध किए गए संघर्ष में भी नहीं। यह स्थिति उसी दिन से कायम है जब से जाति का जन्म हुआ। जाति ने भारतीय समाज को एक सर्विस इंडस्ट्री में तब्दील कर दिया जहाँ मात्र 15 प्रतिशत सवर्णों की सेवा पूरा 85 प्रतिशत नागरिक वर्ग कर रहा है। 1950 में लागू हुए भारतीय संविधान ने इस व्यवस्था पर जोरदार टक्कर मारी। आज तक संविधान और ब्राह्मणवाद के बीच संघर्ष जारी है।

भारतीय सांस्कृतिक विरासत का निर्माण वंचित वर्ग द्वारा किया गया जो विश्व में सबसे विशाल और सम्मानित मानी जाती है। भारत के सभी राज्यों में ऐसी अनगिनत सृजनकारी और प्रदर्शनकारी लोक कलाएँ हैं जो हजारों वर्षों से जिन्दा हैं। यह लोककलाएँ विभिन्न जातियों की न केवल पहचान हैं बल्कि उनकी जीविका का भी जरिया हैं। विभिन्न कलाएँ स्वयं में सम्पूर्ण और विशिष्ट संस्कृति हैं।

चित्र संस्कृति : सृजनकारी लोक कलाओं में चित्रकारी का स्थान सबसे महत्त्वपूर्ण है। पाषाण युग से आज तक की सबसे प्रामाणिक जानकारियाँ चित्रों के माध्यम से ही सम्भव हो पाई हैं। हजारों साल पुरानी गुफा चित्रकारी पाषाण युग का इतिहास समेटे हुए है। चित्रकारी का दुनिया में सबसे बड़ा खजाना

आदिवासी वर्ग के पास है। भारतभर में अधिकांश राज्यों में फैले विभिन्न आदिवासी वर्ग कई तरह की चित्रकारी करते हैं जिनमें उनका इतिहास, संघर्ष, जीवन शैली, उनके धर्म और सोच की अवधारणा तक को समझा जा सकता है। धीरे-धीरे घर और समाज के विकास के साथ चित्रकारी का दायरा भी बढ़ा। गुफा से निकलकर चित्रकारी मानव शरीर, घर की दीवारों, खिड़कियों, दरवाजों और आँगन में फैल गई। आज तक कागज, कपड़ों, दरियाँ, कालीन, बर्तन और मूर्तियों पर करोड़ों डिजाइन का निर्माण दलित आदिवासी और पिछड़ी जातियों ने किया जिसमें स्त्रियों की भागीदारी पुरुषों से कई गुना ज़्यादा है। वार्ली, भील, गोंड, सावरा, चित्रकथी, राजस्थानी कड़, मधुबनी, काली घाट और माडना जैसी हजारों शैलियाँ हैं जो स्त्रियों द्वारा आज भी बनाई जा रही हैं। कढ़ाई बुनाई के क्षेत्र में इन्हीं जातियों की स्त्रियों का महत्त्वपूर्ण योगदान है। कुम्हार स्त्री मिट्टी के बर्तन और मूर्तियाँ बनाने के साथ-साथ उन पर सुन्दर रंग-बिरंगी चित्रकारी भी करती हैं। छीपा स्त्री-पुरुष कपड़ों पर छपाई का काम करते हैं। कढ़ाई के लिए विश्व प्रसिद्ध राजस्थान और गुजरात की कसूती, बंगाल की काथा, पंजाब की फुलकारी, लखनऊ की चिकनकारी के साथ ही कोल्हापुर, पंजाब, राजस्थान और गुजरात में बनाई जानेवाली जूतियों पर महीन रेशमी धागे और जरी की कढ़ाई भी कई जगह स्त्रियाँ करती हैं। हस्तशिल्प, हथकरघा और अन्य हजारों हस्तकलाएँ हैं, जिसमें वंचित वर्ग की स्त्रियों का बड़ा योगदान है।

मधुबनी चित्र संस्कृति का जिक्र यहाँ ज़रूरी है क्योंकि यह ऐसी चित्रकला है जिसका निर्माण पूरी तरह से स्त्रियों द्वारा ही किया गया। इस चित्रकारी से जुड़ी एक कहानी प्रचलित है जो कहती कि जब राम और सीता का विवाह तय हुआ था तब राजा जनक ने मिथिला की ब्राह्मण स्त्रियों को पूरे शहर को रंग-बिरंगी चित्रकारी से सजाने का आग्रह किया, उसी समय से इस चित्रकारी का प्रचलन शुरू हुआ। और इसे मिथिला या मधुबनी कहा जाने लगा। पहले इस चित्रकारी में सिर्फ हिन्दू धार्मिक देवी-देवताओं के चित्र और उनसे जुड़े प्रसंग जैसे राम-सीता विवाह का चित्रण, तुलसी विवाह, रावण वध इत्यादि को ही बनाया जाता था। लेकिन बाद में जब दलित स्त्रियाँ इसमें जुड़ने लगीं, तब उन्होंने इस कला का विस्तार कर उसे प्रकृति, पशु-पक्षी और जन मानस से जोड़ा। दलित संस्कृति सवर्ण संस्कृति से बिलकुल भिन्न है यहाँ तक कि उनके देवी-देवता, उससे जुड़ी सभी परम्पराएँ और मान्यताएँ भी अलग हैं। आदिवासी

प्रकृति के उपासक हैं, उनके देवता उनके समाज के वीर पुरुष और वन्य जीव हैं।

प्रदर्शनकारी लोक कलाएँ आदिवासी और दलित स्त्रियों का एक बड़ा वर्ग लोक नृत्य, लोक संगीत, लोक नाट्य और कथा गायन जैसी विशिष्ट प्रदर्शनकारी लोक कलाओं का निर्माण और संवर्धन कर उसे आज भी जिन्दा रखे हुए है। भारत के प्राय: सभी राज्यों में हजारों अनेक प्रदर्शनकारी लोक कलाएँ हैं जो भारतीय संस्कृति का महत्त्वपूर्ण हिस्सा हैं। दलित जातियों में कई लोकनृत्य शैलियाँ हैं, जो दलित स्त्रियों द्वारा ही गढ़ी गई हैं, जिनमें महाराष्ट्र की लावणी, उत्तर प्रदेश की नौटंकी, मध्य प्रदेश और छत्तीसगढ़ की पांडवाणी, राजस्थान की कालबेलिया है। लावणी महाराष्ट्र में लोकनृत्य की एक उत्कृष्ट परम्परा है। इस लोक नृत्य का स्वरूप कत्थक से मिलता है। इस लोक कला का नृत्य संगीत और गायन से मिलकर सम्पूर्ण कला के रूप में प्रदर्शन किया जाता है। श्रृंगार रस पर आधारित यह लोक कला भारत के साथ-साथ विदेशों में भी काफी लोकप्रिय है। मराठी थियेटर के साथ ही मराठी सिनेमा में इस लोकनृत्य का महत्त्वपूर्ण स्थान है जिसका प्रभाव वहाँ देखा जा सकता है। उत्तर प्रदेश, बिहार और मध्य प्रदेश के कुछ भाग में नौटंकी का 35-40 साल पहले का काफी प्रचलन था। अब यह लोक कला लगभग मिट रही है। यह शैली नृत्य, नाट्य, संगीत और गायन को मिलाकर प्रस्तुत की जाती है। सभी नवरस इस लोककला का महत्त्वपूर्ण भाग हैं जो दर्शकों को घंटों बाँधे रखते हैं। स्वतन्त्रता आन्दोलन में नौटंकी ने महत्त्वपूर्ण भूमिका अदा की थी। गुलाबबाई की नौटंकी को आज भी याद करनेवाले हैं। राजस्थान भारत का ऐसा राज्य है जहाँ बहुत सारी दलित जातियाँ कई प्रदर्शनकारी लोककलाओं के लिए विश्वभर में जानी जाती हैं। कालबेलिया सपेरा जाति की स्त्रियों की संस्कृति है, जिसने देश-विदेश में धूम मचा दी। गुलाबो कालबेलिया लोकनृत्य की सबसे बड़ी कलाकार है। पांडवाणी मूलत: कथा गायन की लोकशैली है लेकिन तीजनबाई जिनका जन्म छत्तीसगढ़ में एक गरीब बहेलिया परिवार में हुआ उन्होंने इसका पूरा स्वरूप बदलकर इसमें नृत्य-संगीत और वाद्य यन्त्रों का प्रयोग कर इसे मनोरंजक और विशिष्ट बनाया। गोवा और दक्षिण भारत के कई राज्यों के मन्दिरों में देवदासियों द्वारा कई नृत्य शैलियों का निर्माण किया गया जिसमें तामिलनाडु में भरतनाट्यम प्रमुख है। पहले इस शैली को सादिर नृत्य कहा जाता था। बाद में रुक्मिणी

देवी अरुणडेल ने इसका नाम बदलकर भरतनाट्यम रखा। उसके बाद ही सवर्ण स्त्रियाँ इस नृत्य से जुड़ीं और इस कला का व्यवसायीकरण शुरू हुआ। रुक्मिणी देवी ने चेन्नई में कलाक्षेत्र के नाम से एक बड़ा इंस्टीट्यूट बनाया जहाँ भरतनाट्यम की शिक्षा दी जाती है।

ओडिशा के विश्वप्रसिद्ध जगन्नाथ मन्दिर में 800 साल पहले से देवदासियों के ओडिसी नृत्य करने की प्रथा रही जो 20 मार्च, 2015 को जगन्नाथ की अन्तिम देवदासी शशिमणि देवी, जिन्हें महारी कहा जाता है, की मृत्यु के बाद खत्म हो गई। शशिमणि देवी का जन्म गरीब पिछड़ी जाति के परिवार में हुआ था। वे जब मन्दिर में अर्पित की गईं उनकी उम्र 7 वर्ष की थी तबसे वे अपनी अन्तिम साँस तक जगन्नाथ की सेवा करती रहीं। उस वक्त उनकी आयु 92 वर्ष थी।

वंचित वर्ग द्वारा दी गई इस विरासत का हिन्दू धर्म से कोई सम्बन्ध नहीं है। धर्म और संस्कृति दोनों का अलग क्षेत्र है। हिन्दू धर्म का जन्म 5 हजार साल पहले हुआ जिसके प्रमाण उपलब्ध हैं, हालाँकि आज यह साबित करने की कोशिश की जा रही है कि हिन्दू धर्म का जन्म लाखों साल पहले हुआ था जिसके लिए डार्विन की थ्योरी को भी गलत साबित करने का प्रयास किया गया, जिसका कोई वैज्ञानिक प्रमाण आज तक साबित नहीं हो पाया। संस्कृति के वैज्ञानिक प्रमाण भारत में ही नहीं दुनिया भर में मौजूद हैं। भारत में भी जगह-जगह मिली प्राचीन चित्रकारियों जिनमें कुछ सालों पहले मध्य प्रदेश में मिली भीमबेटका चित्रकारी है, जो यह साबित करती है कि यह चित्र 25 या 30 हजार साल पहले बनाए गए थे। यह दुख की बात है हिन्दू धर्म ने इस सुन्दर सांस्कृतिक विरासत को धर्म के प्रचार-प्रसार में लगाकर हिन्दू धार्मिक ढाँचे में ढाल दिया जिससे यह लोक संस्कृति आज भी उस जाल से निकल नहीं पाई। इसी कारण आज देश भर में कला श्रमिक के रूप में हजारों लोक कलाकार अशिक्षा, गरीबी और मानवाधिकारों के लिए संघर्ष कर रहे हैं। लेकिन आज धीरे-धीरे जागरूक बनता वंचित वर्ग सांस्कृतिक बदलाव की प्रक्रिया से गुजर रहा है, उसे समझ रहा है।

लोक नृत्य में दलित स्त्री

भारतीय लोक संस्कृति विश्व में आज सबसे कलात्मक और विस्तृत मानी जाती है। लोक संस्कृति को जानने के लिए जाति को समझना ज़रूरी है। सभी प्रदर्शनकारी और सृजनकारी लोक कलाओं का निर्माण और उसका संरक्षण दलित और पिछड़ी जातियों ने ही किया, जिसमें स्त्रियों की भागीदारी पुरुषों से अगर अधिक नहीं तो कम भी नहीं है। हिन्दू धर्म के अन्तर्गत जब सामाजिक व्यवस्था को वर्ण और आगे चलकर जातियों, उपजातियों में बाँटा गया उसी क्रम में चौथे वर्ण शूद्र को तीनों सवर्ण वर्गों की सेवा और ज़रूरतें पूरी करने की जिम्मेदारी दी गई, जिसकी वजह से ही सृजनकारी लोक कलाएँ अस्तित्व में आईं या बनाई गईं। यह क्षेत्र इतना व्यापक था जिसमें कपड़ा बनाने से लेकर इमारतें बनाने, जेवर, बर्तन और औजार बनाने से लेकर सभी तरह के अन्न उगाने जैसे हजारों कार्य इसी वर्ग के हिस्से में आए जो कि आज भी देश और समाज के विकास में अहम भूमिका निबाह रहे हैं।

पाँचवाँ वर्ण, पंचमा अतिशूद्र या अछूत जिसे बाद में वर्ण व्यवस्था से जोड़ा गया उसे प्रदर्शनकारी कलाओं या मनोरंजन का जिम्मा दिया गया, जिसका जिक्र भरतमुनि द्वारा रचित नाट्यशास्त्र में भी मिलता है। नाट्यशास्त्र को पाँचवें वेद का दर्जा प्राप्त है। चारों वेदों के अध्ययन का अधिकार न तो शूद्र-अतिशूद्रों को, न ही स्त्री को, इसीलिए नाट्य शास्त्र को विशेष रूप से इन्हीं वर्गों के लिए लिखा गया, ऐसी मान्यता है जो इस शास्त्र में भी दर्ज है। भरतमुनि के अनुसार ब्रह्मा ने आठों रस, अभिनय, नृत्य और संगीत को मिलाकर नाटक का निर्माण किया, जो सूत्रधार के रूप में नट द्वारा प्रस्तुत किया जाता है। भारत में कई राज्यों की दलित जातियों में नट या उससे मिलती-जुलती कई जातियाँ

हैं जो आज भी लोक नाटकों में सूत्रधार की ही भूमिका को निबाहते हैं। नाट्य शास्त्र के दावों में कितनी सच्चाई है इस पर प्रामाणिक शोध की आवश्यकता है। लेकिन प्रदर्शनकारी लोककलाओं में सबसे ज़्यादा दखल दलित जातियों और उनकी स्त्रियों का ही है, यह सत्य आज भी भारतीय सामाजिक व्यवस्था में प्रत्यक्ष रूप में दिखाई देता है।

नौटंकी

नाट्य शास्त्र में जिस नाट्य शैली का जिक्र है वह नौटंकी के सबसे करीब है। नौटंकी नाटक का विस्तारित रूप है। इस शैली में संवाद के साथ-साथ गायन, नृत्य और संगीत का भी समावेश होता है। हास्य के साथ अन्य रस भी कहानी और संवाद के साथ जुड़े होने के कारण नौटंकी का स्वरूप मनोरंजक होता है। उत्तर प्रदेश और बिहार में नौटंकी मनोरंजन का सबसे लोकप्रिय माध्यम है। सिनेमा से पहले नौटंकी का वही स्थान था जो आज सिनेमा का है। भारत में सिनेमा का आगमन 1913 में हुआ जो तेजी से देशभर में फैल गया लेकिन नौटंकी फिर भी बुलन्दी पर बनी रही। इसका मुख्य कारण उस वक्त की फिल्मों का मूक होना और नौटंकी का मुखर होना था। प्रदर्शन के दौन कलाकार और दर्शकों के बीच आपसी संवाद, हँसी मजाक छोड़कर, नौटंकी की बड़ी विशेषता है जो उसे सिनेमा से भी आकर्षक बनाते हैं। जमीन से जुड़ी इस लोक विधा में जो अपनापन था उससे सिनेमा आज भी कोसों दूर है। 1960-65 तक नौटंकी का चलन बराबर जारी रहा उसके बाद धीरे-धीरे यह खूबसूरत लोककला खत्म होने लगी।

नौटंकी का महत्त्व हिन्दी साहित्य में भी दिखाई देता है। प्रसिद्ध कथाकार फणीश्वर नाथ रेणु की 1954 में लिखी गई प्रसिद्ध कहानी 'मारे गए गुलफाम' नौटंकी और उसमें काम करनेवाली स्त्री कलाकार हीराबाई पर केन्द्रित है। यह कहानी शो के दौरान होनेवाली छेड़छाड़, दबंगों और पैसेवाले जमींदारों द्वारा उसके शारीरिक शोषण का ईमानदार चित्रण ज़रूर करती है, लेकिन हीराबाई की जाति और इसी कारण उसके शोषण पर कुछ नहीं कहती। इसी कहानी पर प्रसिद्ध कवि और गीतकार शैलेन्द्र ने 'तीसरी कसम' फिल्म का निर्माण किया था जो 1967 में प्रदर्शित हुई। फिल्म हर लिहाज से एक बेहतरीन

फिल्म थी। इस फिल्म को उसी साल हिन्दी की सर्वश्रेष्ठ फिल्म के लिए राष्ट्रीय पुरस्कार से सम्मानित किया गया था। मास्को अन्तरराष्ट्रीय पुरस्कार से सम्मानित किया गया था। मास्को अन्तरराष्ट्रीय फिल्म महोत्सव में भी ग्रान्ट प्री सम्मान भारत के लिए इसी फिल्म ने जीता जो कहानी में कमी थी वह इस फिल्म में भी बरकरार रही फिल्म बेहतरीन होते हुए भी जाति से बचती हुई दिखाई देती है।

नौटंकी की सबसे बड़ी स्त्री कलाकार

गुलाबबाई 1926-96 नौटंकी की सबसे बड़ी और सम्मानित स्त्री कलाकार का जन्म उत्तर प्रदेश के फर्रूखाबाद जिले के बलपुरवा गाँव में एक गरीब बेड़िया दलित परिवार में हुआ। उन्होंने 6 साल की उम्र से ही कानपुर नौटंकी घराने के प्रसिद्ध गुरु उस्ताद त्रिमोहन लाल और हाथरस घराने के गुरु उत्साद मोहम्मद खान से नौटंकी सीखी। परिवार की आर्थिक स्थिति बेहद खराब होने के कारण उन्होंने अपने गुरु त्रिमोहन लाल की नौटंकी कम्पनी में काम करना शुरू किया। जन्दी ही उन्होंने कुशल कलाकार के रूप में अपनी पहचान बना ली। सधे हुए गले की मिठास और बेहतरीन गायन शैली ने उन्हें गुलाब जान के रूप में खासी प्रतिष्ठा दिलाई। कुछ ही समय बाद गुलाबबाई ने अपने नौटंकी कम्पनी द ग्रेट गुलाब थियेटर बना ली जो उत्तर प्रदेश में जल्दी ही मशहूर हो गई और कम्पनी के सारे शो हाउस फुल जाने लगे। अनपढ़ दलित स्त्री होने के बावजूद भी उन्होंने कुशलता से कम्पनी को चलाया और कामयाब बनाया, जबकि इस क्षेत्र में शुरू से ही पुरुषों का दबदबा था। गुलाब बाई से पहले स्त्रियाँ नौटंकी में काम नहीं करती थीं, पुरुष कलाकार ही स्त्री का रोल निबाहते थे। गुलाबबाई ने इस परम्परा को तोड़ नौटंकी का विस्तार किया। उन्होंने नौटंकी में कई नए प्रयोग किए और उसे अधिक आकर्षक बनाया। सही मायने में गुलाबबाई नौटंकी की पहली और अन्तिम स्त्री कलाकार थीं। इस विधा को उन्होंने जितना समृद्ध बनाया उतना कोई अन्य प्रख्यात कलाकार भी नहीं कर पाया। नौटंकी जैसी बेहतरीन लोककला को जिन्दा रखने, उसे गौरव और सम्मान दिलाने में उनके अभूतपूर्व योगदान के लिए भारत सरकार ने उन्हें 1990 में पदमश्री से सम्मानित किया। 1996 में नौटंकी की इस महान कलाकार की मृत्यु हो गई। गुलाबबाई के बाद नौटंकी खत्म हो

गई। उसके साथ बेड़िया स्त्री की जीविका के साधन भी समाप्त होते गए। आज इस वर्ग की स्थिति भयावह है। शिक्षा, सम्मान और न्याय के लिए भटकती इस वर्ग की स्त्री आज अपने परिवार के पोषण के लिए अपनी देह पर ही निर्भर है। अफसोस है कि जिस कला ने सदियों से आम जनता का मनोरंजन किया, भारत की सांस्कृतिक विरासत को समृद्ध बनाया। उनकी न तो सरकार की ओर से और न ही किसी स्वयं सेवी संस्था की तरफ से कोई मदद की जा रही है।

पांडवाणी

मध्य प्रदेश और छत्तीसगढ़ में कथा गायन की सदियों पुरानी परम्परा के रूप में पांडवाणी का चलन है जो महाभारत के पांडवों की कथा है। इस कथा को केवल पुरुष ही बैठकर सुनाया करते थे, जिसे वेदमति शैली कहा जाता है, जो वेदों के अनुसार है ऐसी मान्यता इस इलाके में है, लेकिन तीजनबाई ने इस शैली और परम्परा दोनों को ही तोड़ दिया, जब उन्होंने दूसरी शैली कापालिक का निर्माण किया जो उनके दिमाग की उपज थी, इसलिए कापालिक कहलाई। यह शैली तेजी से पूरे छत्तीसगढ़ और मध्यप्रदेश में लोकप्रिय हो गई। अब कपालिक शैली तीजनबाई की बदौलत आई जिसके कारण पूरे इलाके में सांस्कृतिक परिवर्तन की शुरुआत हुई। कापालिक शैली सदियों पुरानी पांडवाणी शैली से बिलकुल अलग है। कापालिक शैली में कलाकार पूरे स्टेज में घूम-घूम कर नृत्य और गायन करते हुए कथा सुनाते हैं। स्थानीय छत्तीसगढ़ बोली में गाई जानेवाली इस कथा में तबला, हारमोनियम, इकतारा, तम्बूरा और खड़ताल जैसे कई वाद्य यन्त्रों का इस्तेमाल होता है।

पांडवाणी की सबसे बड़ी स्त्री कलाकार तीजनबाई

पांडवाणी की एकमात्र पहचान तीजनबाई का जन्म 24 अप्रैल, 1956 में आज के छत्तीसगढ़ के भिलाई शहर के पास गनियारी गाँव में गरीब पारधी परिवार में हुआ । गरीब आर्थिक स्थिति होने के कारण तीजनबाई भले ही कभी स्कूल नहीं जा पाईं पर उन्हें छोटी-सी उम्र से ही पूरी महाभारत जुबानी याद है। 13 साल की उम्र में पहली बार पड़ोस के गाँव में उन्होंने छत्तीसगढ़ी में सबल सिंह चौहान द्वारा लिखी गई महाभारत को अपनी शैली में दिखाया, जिसके लिए उन्हें 10 रुपये भी मिले। पांडवाणी उनकी चहेती लोक कला उनकी कमाई का जरिया

भी बन सकती है। यह जानकर तीजनबाई ने पांडवाणी में नई जान फूँक दी। उसे नया रूप नई शैली प्रदान की। यह शैली कपालिक के नाम से मशहूर हुई। जल्दी ही वे पूरे इलाके में मशहूर हो गईं और उन्हें त्योहारों और कार्यक्रमों में बुलाया जाने लगा। उनकी राष्ट्रीय स्तर पर पहचान तब हुई जब प्रसिद्ध नाट्य निर्देशक हबीब तनवीर ने उन्हें एक कार्यक्रम में देखा और उन्हें दिल्ली में काम करने का मौका दिया। उस समय प्रधानमन्त्री इन्दिरा गाँधी ने भी तीजनबाई की पांडवाणी को देखा और सराहा। भारत सरकार ने भारत महोत्सव में जिन कलाकारों को विदेशों में भेजा उसमें तीजनबाई को भी शामिल किया गया। वे विश्व में जहाँ कहीं भी गईं अपनी कला से उन्होंने धूम मचा दी। पांडवाणी में उनके योगदान के लिए 1980 में उन्हें भारतीय संस्कृति के राजदूत के रूप में कई देशों में भेजा गया। इंग्लैंड, फ्रांस, जर्मनी, स्विट्जरलैंड, रोमानिया, मालटा, टर्की और मॉरीशस जैसे कई देशों की यात्रा करनेवाली ये पांडवाणी अकेली कलाकार है।

तीजनबाई को पांडवाणी के लिए भारत सरकार ने 1988 में पद्मश्री, 1995 में संगीत नाटक अकादमी पुरस्कार, 2003 बिलासपुर विश्वविद्यालय द्वारा डीलिट् की मानद उपाधि और उसी वर्ष पद्म भूषण से सम्मानित किया।

तीजनबाई ने भले ही राष्ट्रीय और अन्तरराष्ट्रीय स्तर पर ख्याति प्राप्त की पर एक गरीब अनपढ़ दलित महिला होने के कारण उनका संघर्ष बहुत बड़ा है। पारधी समाज ने उन्हें छोटी-सी उम्र में बाहर कर दिया था क्योंकि एक महिला होने के बावजूद भी उन्होंने जाति की परम्पराओं को तोड़ दिया। उनकी बनाई गई शैली कापालिक में वह स्टेज पर एक हाथ से तम्बूरा और दूसरे हाथ में खड़ताल बजाती मगन होकर नाचती गाती हैं। किसी भी स्त्री की इतनी स्वतन्त्रता किस समाज को सहन होगी। जाति पंचायत ने उन्हें अपनी बस्ती से भी निकाल दिया। अपनी कला से प्रेम करनेवाली तीजनबाई ने बस्ती के साथ ही अपने पहले पति को छोड़ दिया। पहले पति से उनका विवाह 12 साल की उम्र में हुआ था। पहला पति जाति पंचायत की तरह ही उनके नृत्य करने के विरोध में था।

तीजनबाई ने अपने जाल से निकलकर दूसरी जगह जाकर अकेले ही अपनी झोपड़ी अपने हाथों से खुद ही बनाई और पड़ोसियों से पैसे उधार लेकर फिर

से अपनी दुनिया बनाई। कला को समर्पित, संघर्ष करती, उसके बाद से वे तेजी से आगे बढ़ती गईं।

कालबेलिया

राजस्थान के पारम्परिक लोक नृत्य कालबेलिया सपेरा जाति की संस्कृति है। सपेरे की बीन पर जिस तरह साँप झूमता है सपेरा स्त्री कलाकार भी उसी तरह झूमती है। एक साथ कई-कई चक्कर घूम जाना इस नृत्य की विशेषता है। कई तरह के मुश्किल करतब भी नृत्य में शामिल हैं। यह नृत्य केवल स्त्री कलाकार द्वारा ही किया जाता है। पुरुष केवल वाद्य यन्त्र बजाते और गाना गाते हैं।

कालबेलिया लोकनृत्य की बड़ी स्त्री कलाकार गुलाबो

विश्वविख्यात कालबेलिया कलाकार गुलाबो का बचपन बेहद मुश्किल हालात से गुजरा। गरीब सपेरा परिवार में जन्मी गुलाबो के पिता छोटी-सी उम्र में ही गुलाबो को साथ लेकर भीख मांगने जाते थे। पिता साँप का खेल दिखाते और गुलाबो बीन पर नाचकर भीख मांगती। परिवार का गुजारा उसी पर किसी तरह चलता। गरीबी के कारण गुलाबो की शिक्षा नहीं हो पाई। गुलाबों का वक्त तब बदला जब पुष्कर मेले में उसे नाचते देख राजस्थान पर्यटन विभाग के एक अधिकारी ने उन्हें 1981 में भारत महोत्सव के लिए नामांकित किया। उसके बाद से उन्होंने कभी पीछे मुड़कर नहीं देखा। आज पूरी दुनिया में भारत और राजस्थान की पहचान कालबेलिया और गुलाबो के कारण ही है। यह गुलाबो की मेहनत और लगन का नतीजा है जिसकी वजह से कालबेलिया भारतीय लोकनृत्य के सबसे ऊँचे पायदान पर पहुँचा। इतना ही नहीं आज कालबेलिया को एक बेमिसाल मानवीय सांस्कृतिक विरासत के रूप में यूनेस्को की प्रतिनिधि सूची में शामिल किया गया है। यह गुलाबों के अथक परिश्रम और प्रयासों का नतीजा है।

अपनी कला को समर्पित 30 सालों के जीवन में गुलाबो को कई महत्त्वपूर्ण पुरस्कारों से सम्मानित किया गया; जिनमें संगीत नाटक अकादमी सम्मान, राष्ट्रपति सम्मान, वूमेन आफ द इयर 2008, अम्बेडकर सम्मान, राजस्थान

गौरव सम्मान हैं। उनकी प्रतिष्ठा और लोकप्रियता के कारण उन्हें प्रसिद्ध टेलीविजन शो बिग बॉस जीसन 5 में भी शामिल किया गया था।

लावणी

भारती लोकनृत्य की श्रृंखला में अगर लावणी को न जोड़ा जाए तो यह श्रृंखला अधूरी रहेगी। महाराष्ट्र राज्य जिन विशेषताओं के लिए जाना जाता है उसमें लावणी लोकनृत्य प्रमुख है। महाराष्ट्र राज्य की दो दलित जातियाँ मांग और महार के लिए लावणी उनकी पहचान और जीविका का माध्यम है। पूरी तरह से श्रृंगार रस पर आधारित यह लोक कला कत्थक नृत्य के एकदम करीब है, बल्कि उसका दूसरा रूप ही मानी जा सकती है। यह लोक नृत्य केवल स्त्रियों द्वारा ही किया जाता है। पुरुषों की भूमिका केवल सूत्रधार तक सीमित है। लावणी की एक बड़ी विशेषता नौटंकी की तरह ही कुछ हास्य प्रसंगों में दर्शकों से चुटीले संवाद और मजाक मस्ती की होती है। यह कलाकार और दर्शकों के बीच प्रत्यक्ष संवाद बनाने जैसा होता है, लेकिन प्रस्थापित समाज इस लोक कला को अश्लील मानकर सम्मान नहीं देता। बेरोक-टोक समाज में वह कहने की हिम्मत रखती है जो अन्य स्त्रियाँ अपनों के बीच अकेले में भी नहीं कह सकती।

लावणी की सबसे बड़ी स्त्री कलाकार वीठाबाई

महाराष्ट्र के धार्मिक शहर पन्ढरपुर जो विठोबा 'कृष्ण का एक रूप' के मन्दिर के लिए प्रसिद्ध है, वहीं लावणी की महान कलाकार वीठाबाई का जन्म 1935 में तमाशा कलाकारों के ही परिवार में हुआ। उनके पिता और चाचा भी तमाशा कलाकार थे। उनकी भाउ बापू नारायण गाँवकर नाम की तमाशा मंडली थी जो गाँव शहर जाकर तमाशा और लावणी के कार्यक्रम करती। वीठाबाई का बचपन नितान्त अभावों में गुजरा। रोज सवेरे उनके पिता उन्हें थाली लेकर भीख मांगने गाँव में भेज देते। उसकी मांग कर लाई भीख से ही परिवार का गुजारा चलता। वीठाबाई की पढ़ाई में कोई दिलचस्पी नहीं थी वे धीरे-धीरे लावणी की बड़ी कलाकार बन गईं। एक शो के दौरान एक बदमाश ने उन्हें चाकू की नोंक पर उससे शादी करने के लिए मजबूर कर दिया। न चाहते हुए भी वीठा

बाई को उसके साथ अपना जीवन गुजारने पर मजबूर होना पड़ा। वीठाबाई के जीवन की एक दर्दभरी घटना ने उन्हें विश्व के सबसे बड़ी स्त्री कलाकार के रूप में प्रतिष्ठित किया जो अपनी कला के लिए सारी सीमाएँ तोड़ सकती है। नौ महीने की गर्भवती वीठा को शो के दौरान ही प्रसव पीड़ा हुई। उन्होंने अपनी दो बेटियों को स्टेज पर गाने के लिए भेजा ताकि उनके बगैर भी शो चलता रहे और ग्रीन रूम में अकेले ही बिना किसी की सहायता के बच्चे को जन्म दिया। पास पड़े पत्थर से खुद ही नाल काटी, अपनी नौ गज की साड़ी को लपेट कर वापस स्टेज पर चली गईं और शो पूरा किया। दर्शक हैरान रह गए जब पता चला कि उन्होंने कुछ ही देर पहले एक बेटे को जन्म दिया है। वीठाबाई का जीवन संघर्षों से भरा रहा, फिर भी वे जी जान से कला की सेवा करती रहीं। उनके इसी योगदान के लिए महाराष्ट्र सरकार ने उन्हें तमाशा सम्राज्ञी का सम्मान दिया। उन्हें राष्ट्रपति द्वारा भी सम्मानित किया गया। उनकी मृत्यु 15 जनवरी, 2002 में हुई। आज उनकी बेटियाँ उनके काम को आगे बढ़ा रही हैं।

दलित स्त्री लोक कलाकारों ने भारतीय सांस्कृतिक विरासत को समृद्ध बनाया, उसे जिन्दा रखा है। अपनी कला को सिर्फ अपनी जीविका का जरिया ही नहीं माना, उससे प्रेम भी किया। घर, परिवार, समाज, मनचलों और दबंगों से संघर्ष करती फिर भी अपनी कला से कभी समझौता न करनेवाली दलित स्त्री कलाकारों के प्रति सरकार और समाज संवेदनशील नहीं रहा। इस विषय को आज स्त्रीवादी विमर्श का हिस्सा बनाया जाना चाहिए। दलित स्त्री लोक कलाकारों के हक और सम्मान की लड़ाई स्त्री आन्दोलन से जोड़ा जाना चाहिए। सरकार को इस वर्ग के त्याग की एवज उन्हें वह सब सुविधाएँ देनी चाहिए जो श्रमिकों को दी जाती हैं। स्वास्थ्य सेवाएँ, जीवन बीमा, पेंशन, सरकारी आवास जैसी सुविधाओं के लिए नीतियाँ बनाने के लिए सरकार को बाध्य किया जाना चाहिए। दलित समाज में लोक नृत्य करनेवाली स्त्री कलाकर ऐसी जाति या वर्ग से आती है जहाँ आज भी शिक्षा और मानवाधिकारों की पहुँच नहीं है। यह वह सच्चाई है जिसे अनदेखा कर हम अपनी सांस्कृतिक विरासत को खत्म कर रहे हैं।

निष्कर्ष

1. संस्कृति का जन्म धर्म से लाखों वर्ष पहले हुआ। पाषाण युग में भी संस्कृति के प्रमाण गुफाओं में की गई चित्रकारी से साबित किए गए हैं। धर्म की प्रामाणिकता को अभी साबित किया जाना बाकी है।

2. हिन्दू धर्म विश्व का सबसे पहला और प्राचीन धर्म है जिससे धर्म की अवधारणा का जन्म हुआ। इसमें वर्ण और जाति को कब जोड़ा गया, इस पर विवाद हो सकता है लेकिन हिन्दू धर्म के बाद भारत में जितने भी धर्म अस्तित्व में आए सभी जाति के विरोध में ही थे यह सत्य निर्विवाद है।

3. संस्कृति ने सभ्यताओं का निर्माण किया। धर्म ने सभ्यताओं को नष्ट किया। उदाहरण के तौर पर कुछ वर्ष पहले अफगानिस्तान के बमियान शहर में तालीबान द्वारा बुद्ध प्रतिमाओं का और भारत में 6 दिसम्बर, 1991 में बाबरी मस्जिद हिन्दू धर्मान्ध ताकतों द्वारा ध्वस्त किए जाने से साबित होता है।

4. संस्कृति मानवता पर आधारित है जहाँ ऊँच-नीच का भेद कहीं दिखाई नहीं देता, जबकि हिन्दू धर्म की बुनियाद ही जाति पर आधारित असमानता के सिद्धान्त पर टिकी हुई है, यहाँ तक की स्त्री का दर्जा भी शूद्र का ही है।

5. खान-पान, पहनावा, भाषा-बोली, साहित्य, कलाएँ और विभिन्न कारीगरी का सम्बन्ध संस्कृति से है न कि धर्म से। इसे किसी भी धर्म की आस्था या भावना से जोड़कर देखना भारत जैसे देश में, जहाँ सभी धर्मों और लगभग छह-साढ़े छह हजार जातियों और उपजातियों में विभाजित 125 करोड़ नागरिक वर्ग बसता है, विस्फोट हो सकता है।

संस्मरण

मेरी माँ कौशल्या बैसन्त्री वहाँ आज भी फूल खिलते हैं

मेरी माँ के जन्म का नाम कचरी था, जिसे बाद में बदलकर कौशल्या कर दिया गया। और सचमुच उसका जन्म भी कचरे में ही हुआ था। खलासी लाइन। नागपुर स्टेशन से एकदम सटी हुई, शहर के बीचोबीच दलितों की सबसे बड़ी बस्ती, फिर भी पूरे शहर से कटी हुई, एकदम अलग-थलग पड़ी हुई बस्ती जिसे वहाँ के भद्रलोग देखना भी पसन्द नहीं करते, जहाँ जल और मल निकासी का कोई जरिया नहीं था। सारी गन्दगी बहकर घरों के सामने बनी सँकरी-सी गलियों में आ जाती, जिस पर हर वक्त हजारों मक्खियाँ भिनभिनाती रहतीं। यहाँ तक कि वहाँ चलना भी दुश्वार हो जाता और बारिश का मौसम तो बस कहर बरपा देता। समझ सकती हूँ कि क्यों आज भी मेरी माँ को अच्छा नहीं लगता। उसी बस्ती में मेरी माँ का जन्म हुआ, जिसकी धूल भरी गलियों में खेलकर वह बड़ी हुई। जहाँ जवानी के उसके सबसे हसीन और खूबसूरत दिन कीचड़ में गर्क हो गए। आज भी उस बस्ती का जिक्र आते ही उसकी रूह काँप जाती है। जिसका कम्पन उसकी आँखों में साफ दिखाई देता है।

बड़ी मुश्किल से अपनी साड़ी और पेटीकोट बचा-बचाकर माँ, जब भी उस बस्ती से बाहर निकलतीं, चैन की साँस लेती और बाहर की सुन्दर दुनिया में खो जातीं। वो दूसरी ही दुनिया थी जहाँ उसका स्कूल था, उसका कालेज था, इक्का-दुक्का सहेलियों के घर, सुन्दर बाग-बगीचे और बड़े-बड़े बाजार थे। मेरी माँ को हमेशा से खूबसूरती से बहुत प्यार रहा है। वो आज तक इस उम्र में भी बरकरार है। उसे हर सुन्दर चीज आकर्षित करती है फिर चाहे वह कोई पेंटिंग हो या फिर खिड़की के पर्दे। पता नहीं उसने मेरे पिता से शादी कैसे की। बहुत कम लोग यह जानते हैं कि मेरी माँ बहुत अच्छी पेंटर भी है, जिसने आज़ादी से भी पहले अपनी कालेज की पढ़ाई के साथ-साथ मुम्बई के विश्व प्रसिद्ध

जे. जे. स्कूल ऑफ आर्ट्स से पत्राचार द्वारा दो पेन्टिंग कोर्स पास किए। कला से जुड़ाव मुझे मेरी माँ से ही विरासत में मिला। पीढ़ी-दर-पीढ़ी कला किसी-न-किसी रूप में मेरे परिवार का अहम हिस्सा रहा है। मेरी माँ के पुरखे कभी कोसे का खूबसूरत कपड़ा बुना करते थे, बाद में ब्रिटिश राज में जब बड़ी-बड़ी मशीनों से कारखानों में कपड़ा बुना जाने लगा तो मेरे नाना-नानी को उसी मिल में मजदूरी करनी पड़ी। उनकी जी-तोड़ मेहनत की बदौलत ही मेरी माँ और उसकी चारों बहनें अपनी पढ़ाई कर सकीं। मेरे नाना-नानी को जब भी मिल की मजदूरी में ब्रेक मिलता तब नानी घर-घर जाकर चूड़ियाँ बेचती और नाना कबाड़ी की दुकान लगाते। जब भी उनके पास पुराने घी तेल के डिब्बे आते, माँ उन्हें उठा लातीं और उसमें सुन्दर फूलोंवाले पौधे लगाकर घर के सामने बनी परछत्ती पर टाँग देती। मौसम के आते ही वहाँ भी फूल खिल जाते। मेरी माँ को तो सातों जहाँ की खुशियाँ मिल जातीं। उसके हाथों का जादू हर जगह दिखाई देता। कभी घर की कच्ची दीवारों पर, तो कभी गोबर से लिपे हुए छोटे से आँगन में, उसकी बनाई हुई रंग-बिरंगी रंगोली में।

द्वितीय विश्व युद्ध के दौरान भयंकर गरीबी और किल्लत के चलते सरकार ने राशन में अनाज के साथ-साथ कपड़े भी देने शुरू किए। कपड़े इतने खराब होते कि अधिकतर लोग तो उसे छोड़ ही देते। पर मेरी माँ उस झिरझिरे से बैंडेज क्लॉथ जैसे कपड़े पर भी पेन्टिंग कर उसे खूबसूरत डिजानइर साड़ी में तब्दील कर देतीं। उस घटिया से कपड़े का तो पूरा वजूद ही बदल जाता। जिसे मेरी माँ और उसकी सभी बहनें बड़ी खुशी से पहनतीं। उसकी जीवनयात्रा के कैनवास पर लाल, पीले, नीले, हरे, गुलाबी रंगों के साथ-साथ बहुत सारा काला रंग भी शामिल है, जिसे कभी-कभी उसने छुपाया भी है। फिर भी कुल मिलाकर उसने तस्वीर को बिगड़ने नहीं दिया। आज भी उसके झुर्रियों से भरे चेहरे को देखती हूँ तो वहाँ भी वही खिले हुए फूल दिखाई देते हैं जिसे कभी उसने बस्ती के अपने छोटे से घर में लगाए थे।

आकलन

सुजाता पारमिता
एक प्रतिबद्ध और बहुआयामी दलित चिन्तक

सूर्यनारायण रणसुभे

इस देश में स्त्रियों तथा दलितों की अवस्था को लेकर सम्पूर्ण समाज को सोचने के लिए पहली बार जोतिबा फुले ने विवश किया था तो डॉक्टर बाबासाहेब अम्बेडकर ने जोतिबा की इसी सोच को गहरे और गम्भीर चिन्तन से जोड़ दिया। विविध ज्ञान शाखाओं का अध्ययन कर उन्होंने इन दोनों प्रश्नों पर गहरा और गम्भीर अध्ययन प्रस्तुत किया। दलित और स्त्रियों की इस चिन्तन परम्परा को महाराष्ट्र के अनेक सवर्ण और दलित विद्धज्जनों ने आगे बढ़ाया है।

महाराष्ट्र की यह विशेषता रही है कि यहाँ के अनेक सवर्ण डिकास्ट होकर स्त्री और दलित प्रश्नों के अनेक आयामों को उद्घाटित करते रहे हैं। स्त्री और दलित चिन्तन की इस परम्परा का अवलोकन करते समय यह तीव्रता से महसूस होता है कि इस चिन्तन परम्परा में स्त्री का योगदान अपवाद रूप में ही है। पंडिता रमाबाई को छोड़ दें तो 20वीं या 21वीं सदी में महाराष्ट्र में स्त्री चिन्तकों की कमी ही रही है। सृजन के क्षेत्र में यहाँ की स्त्रियों ने काफी स्तरीय काम किया है और सृजन की एक लम्बी परम्परा भी यहाँ रही है परन्तु चिन्तन के क्षेत्र में महिला चिन्तकों की लम्बी परम्परा यहाँ नहीं मिलती। हिन्दी में भी यही स्थिति है। अपवाद रूप में महादेवी वर्मा की 'शृंखला की कड़ियाँ' का उल्लेख किया जा सकता है। सम्भवत: चिन्तन के लिए आवश्यक समय, परिवेश और ज्ञान के विविध क्षेत्रों की जानकारी प्राप्त करने की सुविधाएँ स्त्रियों को प्राप्त नहीं हुईं। कारण जो भी

रहे हों परन्तु यह सच है कि चिन्तन के क्षेत्र में पुरुषों की तुलना में स्त्री पीछे ही रही है।

हिन्दी पट्टी में तो दलित और स्त्री चिन्तन की अभी शुरुआत ही नहीं हुई है ऐसा कहें तो अतिशयोक्ति नहीं होगी। हिन्दी पट्टी में चिन्तन के क्षेत्र में भी वर्ण और जातिवाद है। दलित और स्त्री चिन्तन में यहाँ स्त्री नहीं के बराबर है और जो स्त्री चिन्तन हुआ है उसमें स्त्रियाँ अधिक हैं परन्तु उनके चिन्तन में दलित स्त्री गायब है।

मेरी यह धारणा तब खंडित हुई जब सुधा अरोड़ा जी ने सुजाता पारमिता की पुस्तक 'मानसे की जात' अवलोकनार्थ मेरे पास भेज दी। इस पुस्तक को पढ़ने के बाद मैं यह दावा कर सकता हूँ कि मराठी में भले ही न हो पर हिन्दी में दलित-प्रश्न पर गम्भीर सोच रखनेवाली एक महिला थी। सुजाता पारमिता का यह मौलिक चिन्तन पूर्णत: उपेक्षित रहा है। इन लेखों के माध्यम से यह चिन्तन हिन्दी पाठकों के सम्मुख प्रस्तुत हो रहा है। दलितों पर आए दिन जो अत्याचार हो रहे हैं, उन घटनाओं को केन्द्र में रखकर सुजाता अपना चिन्तन प्रस्तुत करती हैं। दलित प्रश्नों के सामाजिक, आर्थिक, सांस्कृतिक, धार्मिक करीब-करीब सभी आयामों का विवेचन विश्लेषण वे करती हैं। यह तभी सम्भव है जब उस चिन्तक का अध्ययन बहुआयामी हो, विभिन्न ज्ञान शाखाओं की प्राथमिक जानकारी उसे हो। ऐसा चिन्तन वही स्त्री कर सकती है, जिसकी प्रतिबद्धताएँ स्पष्ट और ठोस हों।

आज तक जितना भी दलित चिन्तन मराठी में या हिन्दी में हुआ है उसमें किसी ने भी प्रदर्शनकारी कलाओं का सम्बन्ध दलित जीवन शैली से नहीं जोड़ा। सुजाता अनेक प्रमाणों के साथ सिद्ध करती हैं कि सभी प्रदर्शनकारी कलाओं की जन्मदाता दलित हैं और उनमें भी दलित स्त्री हैं। उनकी यह स्थापना अध्ययन के नए द्वार खोलनेंवाली है। ठीक इसी प्रकार धर्म, सभ्यता, संस्कृति के भीतरी सम्बन्धों में स्थित अन्तर्विरोध को भी वे स्पष्ट करती हैं। उनका यह सारा चिन्तन मौलिक है तथा यह प्रमाणित करता है कि चिन्तन के क्षेत्र में दलित स्त्री पीछे नहीं है। उनका यह चिन्तन अमूर्त या हवाई नहीं है उसका सीधा सम्बन्ध समसामयिक जीवन और समसामयिक राजनीति के साथ है।

आज जब दलित और स्त्री के सारे अधिकार संकुचित होते जा रहे हैं, तब सुजाता पारमिता का यह चिन्तन अधिक प्रासंगिक महसूस होने लगता है।

सुजाता पारमिता प्रबुद्ध, विवेकशील, संवेदनशील तथा दलित-शोषित-पीड़ित और स्त्री प्रश्नों से प्रतिबद्ध चिन्तक रही हैं। हिन्दी की पहली दलित

आत्मकथा की लेखिका कौशल्या बैसन्त्री की वे बेटी हैं, इसका उल्लेख कर उनका महत्त्व कम नहीं किया जा सकता क्योंकि उनका स्वतन्त्र वजूद और स्वतन्त्र चिन्तन है। यह चिन्तन इस संग्रह के प्रत्येक पृष्ठ को पढ़ते समय पाठकों को तीव्रता से महसूस होता है। यह सही है कि लेखन की परम्परा उन्हें अपने माँ-बाप से मिली है। परन्तु इसके साथ तनाव भरी जिन्दगी और संघर्ष भरा दाम्पत्य जीवन भी उन्हें मिला है और इसकी शिकार वे रही हैं। बावजूद इन पारिवारिक तनावों और संघर्षों के, उनकी सार्वजनिक प्रतिबद्धता पर किसी भी प्रकार की कोई कमी नहीं आई है। अकसर यह देखा जाता है कि जब व्यक्ति का व्यक्तिगत पारिवारिक जीवन तनावपूर्ण होने लगता है तब वह सार्वजनिक जीवन से पूर्णत: उदासीन हो जाता है और अपने दु:खों में डूब जाता है। परन्तु यहाँ स्थिति ऐसी नहीं है। अपने पारिवारिक दु:खों को पूरी तरह अलग रखकर जिस प्रतिबद्धता को लेकर वे जीवन के अन्तिम साँस तक जीती रहीं, उस प्रतिबद्धता के प्रति ईमानदार रहीं इसका प्रमाण इस संग्रह के ये लेख देते हैं।

इस संग्रह का जो शीर्षक उन्होंने रखा है 'मानसे की जात' इन शब्दों को उन्होंने गुरु ग्रन्थ साहिब के एक पद से किया है।

इस पुस्तक में दलित और स्त्रियों की समस्याओं पर कुल 23 लेख हैं। ये 23 लेख पाँच खंडों में विभाजित हैं। पहला खंड "संघर्ष और सरोकार" में कुल 7 लेख हैं। खैरलांजी दलित जनसंहार, सदियों की भूख, महिला आरक्षण बिल का गणित, निजी क्षेत्र में आरक्षण, शिक्षा आज भी गरीब भारत का सपना, दलित -आदिवासी स्त्री की अस्मिता पर राजनीति तथा मानसे की जात सबै एकै पहचानो।

खंड 2 में सपने और परछाइयाँ में तीन लेख हैं। दलितों युवाओं की चाहत की कब्र ,धर्म, राष्ट्रवाद और राजनीति तथा दलित स्त्री का सबसे दलित रूप है देवदासी।

तीसरा खंड मीडिया और दलित में एक बहुत बुनियादी लेख है।

चौथा खंड सामाजिक क्रान्तिकारी शीर्षक के अन्तर्गत है। इसमें कुल 3 लेख हैं। सावित्रीबाई फुले का संघर्ष और क्रान्ति ,ब्राह्मणवाद के खिलाफ जोतिबा फुले और डॉ. बाबासाहेब अम्बेडकर और स्त्री अधिकार।

पाँचवाँ खंड दलित स्त्रीवाद और सांस्कृतिक विरासत से सम्बन्धित है। इसमें सबसे ज़्यादा कुल 9 लेख हैं। जैसे शुरू से अन्त तक वार्ली चित्र संस्कृति ,आस्था और खाने के अधिकार का द्वन्द्व, दलित स्त्रीवाद की पहचान और

संघर्ष ,जाति धर्म और संस्कृति, आमची मुम्बई ,साहित्य और दलित स्त्रीवाद, सांस्कृतिक परिदृश्य में दलित और आदिवासी स्त्री की भागीदारी, मेरी माँ कौशल्या बैसन्त्री और लोकनृत्य में दलित स्त्री।

स्पष्ट है कि सुजाता जी का चिन्तन और अध्ययन का क्षेत्र काफी विशाल रहा है। एक ओर वे अभिनय, नृत्य और लोक साहित्य से जुड़ी रही हैं तो दूसरी ओर नाटक, जन नाटक और दलित और स्त्रियों के बुनियादी प्रश्नों से भी। इनके प्रत्येक लेख में कुछ महत्त्वपूर्ण सूत्र वाक्य मिलते हैं। जैसे पहले ही लेख में "भूमंडलीकरण और निजीकरण के सारे दरवाजे खोल दिए और वंचित वर्ग के सारे दरवाजे बन्द कर दिए गए" इस सूत्र वाक्य पर बहुत विस्तार से लिखा जा सकता है।

"तालिबान धार्मिक या साम्प्रदायिक वर्ग का नाम नहीं है बल्कि उस मानसिकता का नाम है जो खुद को श्रेष्ठ और दूसरों को नीच समझती है।" तालिबान की इस प्रकार की परिभाषा देकर वे इस्लाम और तालिबान का सम्बन्ध अलग कर देती हैं, तालिबान का सम्बन्ध विशिष्ट धर्म या सम्प्रदाय से नहीं अपितु मानसिकता से है, इसे स्पष्ट करती हैं। साहस के साथ वे लिखती हैं कि, "भारतीय सवर्ण हिन्दू समाज का एक हिस्सा तालिबानी है और दलित सिर्फ उनका विरोध करने की सजा पा रहे हैं।"

सदियों की भूख 'इस लेख में वे डॉ. बंग कमेटी की रिपोर्ट को उद्धृत कर यह सिद्ध करती हैं कि सर्वाधिक प्रगतिशील मानेवाले महाराष्ट्र राज्य में हर साल भूख और कुपोषण से लगभग 1,60,000 बच्चे मर जाते हैं जिनमें 82,000 बच्चे ग्रामीण क्षेत्रों के हैं और 56,000 शहरी झोपड़पट्टियों के। इन संख्याओं को पढ़ते समय मैं बहुत ही अन्तर्मुख हो गया क्योंकि मैं अपने राज्य को सर्वाधिक प्रगतिशील मान रहा था। परन्तु यहाँ तो स्थिति कुछ और है।

"न्याय बिना शान्ति नहीं और शान्ति बिना विकास भी सम्भव नहीं" बिना न्याय के इस देश की सरकार विकास करने निकली है, परिणामस्वरूप विकास के साथ-साथ देश में अशान्ति भी बढ़ रही है। एक बार फिर से इन्होंने महिला आरक्षण बिल का गणित प्रस्तुत किया है। पिछले कई वर्षों से महिला आरक्षण बिल पर केवल बहस हो रही है। किसी भी राजनीतिक पार्टी की इच्छा नहीं है कि संसद में 33% स्त्रियाँ आ जाएँ। सुजाता पारमिता निजी क्षेत्र में आरक्षण का आग्रह रखती हैं और निजी क्षेत्र के आरक्षण का विरोध करनेवाले पूँजीपति बजाज जी के सारे कुतर्कों का निरसन करती हैं।

2014 के बाद इस देश में शिक्षा धीरे-धीरे महँगी होती जा रही है। मेरे दिल्ली के एक मित्र बता रहे थे कि दिल्ली में बी.ए. की डिग्री अगर हासिल करना हो तो हर साल कम-से-कम ₹100000 खर्च करना पड़ता है जो कि इस देश के 60% अभिभावकों के लिए सम्भव ही नहीं है। पहले ऐसी स्थिति नहीं थी। दलित और आदिवासी स्त्री की अस्मिता पर जो राजनीति चल रही है उसका पर्दाफाश वे करती हैं।

इन सभी लेखों के लेखन के मूल में देश के किसी कोने में घटित कोई-न-कोई घटना होती है और वह घटना किसी दलित या किसी स्त्री पर हुए अन्याय अत्याचार से सम्बन्धित होती है।

इस पूरे संग्रह में मुझे 'मानसे की जात' लेख कई दृष्टियों से महत्त्वपूर्ण लगा। सिक्ख धर्म से सम्बन्धित जानकारी यहाँ दी गई है। अन्य राज्यों की अपेक्षा महाराष्ट्र में दलितों की संख्या अधिक है, ऐसी मेरी मान्यता थी। परन्तु पारमिता यह साबित करती हैं कि पंजाब एक मात्र ऐसा राज्य है जहाँ दलित जनसंख्या देश के अन्य सभी राज्यों की अपेक्षा सबसे ज़्यादा है। लगभग 30%। यह आंकड़ा चौंकानेवाला है। भले ही गुरु नानक ने सिक्ख धर्म की स्थापना समानता के लिए की हो तो भी आज वहाँ जाति के नाम पर कितनी असमानता है इसको अनेक प्रमाण द्वारा वे स्थापित करती हैं।

'सपने और परछाइयाँ' में दलित युवाओं के सपने सच होने के पहले ही या तो उन्हें आत्महत्या के लिए विवश किया जाता है अथवा उन्हें इतना परेशान किया जाता है कि वे अपनी मंजिल तक पहुँच ही नहीं सकें। दलित छात्र रोहित वेमुला की आत्महत्या के बहाने यह विवेचन वे प्रस्तुत करती हैं।

'धर्म राष्ट्रवाद और राजनीति' में वे यह स्पष्ट करतीं हैं कि इस देश में इसकी शुरुआत से कितनी हानि होनेवाली है। इसी लेख में वे यह बताती हैं कि भारत का इतिहास दो वर्णों के सांस्कृतिक संघर्ष का इतिहास है। वैसे महाराष्ट्र में संस्कृत के महापंडित डॉ. आ. ह. सालुंके ने बहुत वर्षों पहले अनेक प्रमाणों द्वारा यह साबित किया है कि भारत का सांस्कृतिक इतिहास और धार्मिक इतिहास भी सवर्ण और बहुजन के संघर्ष का इतिहास है। हिन्दी पट्टी में शायद पहली बार इस प्रकार का विश्लेषण सुजाता पारमिता कर रही हैं।

दलित का सबसे दलित रूप है देवदासी प्रथा। इसमें वे सिद्ध करती हैं कि 1938 में पहली बार देवदासी प्रथा के खिलाफ एक आन्दोलन हुआ था। उसके बाद लगातार आन्दोलन हो रहे हैं। यह सही है कि दलित स्त्रियाँ ही अपनी बेटी

को देवदासी के रूप में छोड़ देती हैं। उसके साथ यह भी सही है कि बहुजन समाज की अनेक जातियाँ अपने पहले बेटे या बेटी को देवदास या देवदासी के रूप में छोड़ देते थे। केवल स्त्री ही देवदासी नहीं हुआ करती थी पुरुष भी इसके शिकार हुए हैं यह प्रमाणित है।

मीडिया और दलित के अन्तर्गत एक बहुत लम्बा लेख "जाति के परिप्रेक्ष्य में हिन्दी सिनेमा।" शायद पहली बार हिन्दी फिल्मों को जाति के परिपेक्ष्य में देखा गया है। इसका विवरण, विश्लेषण और व्यक्त दृष्टिकोण अत्यन्त स्पष्ट है। यह पढ़कर बहुत आश्चर्य होता है कि 1931 से 1940 तक जाति पर आधारित कई महत्त्वपूर्ण फिल्में बनाई गईं। यह काल गाँधी युग कहलाता है। गाँधी के विचारों से प्रेरित होकर उस वक्त के दिग्दर्शकों ने जाति पर आधारित कई फिल्में बनाईं। फिल्म चंडी दास में वैष्णव चंडीदास की दलित स्त्री के साथ जो प्रेम कहानी है उसे वे स्पष्ट करती हैं। सन् 1936 में यह फिल्म प्रदर्शित होती है। 1940 में दिग्दर्शक चन्दूलाल शाह 'अछूत' फिल्म बनाते हैं। अम्बेडकरी आन्दोलन के सभी मुद्दे इस फिल्म में है। इस पीढ़ी के लिए यह विशेष बात है। चन्दूलाल शाह की इस फिल्म को फिर से नए रूप में प्रस्तुत किया जाना चाहिए ताकि आज की पीढ़ी को यह पता चले कि डॉक्टर अम्बेडकर के आन्दोलन से प्रेरित होकर कभी एक फिल्म भी बनी थी। श्याम बेनेगल ने 'अंकुर' फिल्म बनाई। 2011 में आरक्षण से सम्बन्धित प्रकाश झा की फिल्म आई। जाति को केन्द्र में रखकर उन्होंने हिन्दी फिल्मों का जो इतिहास प्रस्तुत किया है ,वह अद्‌भुत है। इस लेख को लिखने के लिए उन्होंने कितनी फिल्में देखी होंगी, यह सब आश्चर्य करनेवाली घटनाएँ हैं। इस पीढ़ी को भी पता चले कि स्वतन्त्रता पूर्व काल में सामाजिक आशय की कितनी फिल्में बनी थीं। अब उसका पूर्णत: अभाव है। शायद पूँजीवादी व्यवस्था या वैश्वीकरण या सामाजिक प्रतिबद्धता का शिथिल होना कारण रहे हों।

खंड 4 सामाजिक क्रान्तिकारियों को अर्पित है। इसमें सावित्रीबाई फुले, जोतिबा फुले और अम्बेडकर के जीवन संघर्ष को प्रस्तुत किया गया है।

खंड पाँच के सभी लेख महत्त्वपूर्ण प्रदर्शनकारी कलाओं से जुड़े हुए हैं। 'अनन्त तक वार्ली चित्र संस्कृति' को पढ़ते समय ऐसा लगता है कि सुजाता पारमिता केवल किताबों में रमनेवाली नहीं हैं अपितु आदिवासी जीवन को समझ लेने की कोशिश करती हैं। यहाँ उनका एक सूत्रवाक्य है कि,'' आदिवासी जीवन को अगर समझना हो तो उनकी चित्रकला का अध्ययन करना ज़रूरी है। क्योंकि

उनके चित्रों में उनका सामाजिक ,आर्थिक, धार्मिक और सांस्कृतिक जीवन व्यक्त होता है। उनकी मान्यताएँ , रीति-रिवाज, प्रथाएँ और विभिन्न प्राचीन प्रचलन का लेखा-जोखा भी इन चित्रों में व्यक्त होता है।'' वार्ली चित्रों की विशेषता यह है कि वे जमीन और प्रकृति से जुड़ी हुई हैं।

दूसरा लेख माँ कौशल्या बैसन्त्री की आत्मकथा के एक परिच्छेद से शुरू होता है और माँ ने किन स्थितियों से अपना बचपन गुजारा है इसका आकलन वे करती हैं। उन दिनों दलितों में गो मांस खाना एक बहुत सामान्य-सी बात थी। परन्तु अब खाने के अधिकार को भी छीन लिया गया है। दलित स्त्रीवाद की पहचान और संघर्ष में वे सवर्ण स्त्रीवादी आन्दोलन और दलित विरोधी आन्दोलन की तुलना करती हैं।

एक और महत्त्वपूर्ण निबन्ध यहाँ है—'जाति ,धर्म और संस्कृति'। इसमें ऐसे सुन्दर सूत्र वाक्य हैं जिस पर एक पूरी-की-पूरी किताब लिखी जा सकती है। "संस्कृति के विशाल परिसर में धर्म का स्थान छोटा होता है", "पिछली सदी में उभरे पूँजीवाद और वैश्वीकरण ने दुनिया भर में संस्कृति के महत्त्व को घटाकर धर्म के बाजारीकरण को प्रभावशाली बनाया है और धर्म का बाजार दुनिया में सबसे बड़ा है जो किसी भी देश की राजनैतिक दिशा तय कर सकता है।" प्राचीन भारतीय संस्कृति के प्रति वे अभिमान व्यक्त करती हैं। उनका दृष्टिकोण केवल नकारात्मक नहीं है क्योंकि अधिकांश दलित चिन्तकों का भारतीय संस्कृति के प्रति नकारात्मक दृष्टिकोण रहता है। परन्तु पारमिता अत्यन्त तटस्थता से सभी विषयों की ओर देखती हैं। जैसे उन्होंने लिखा, "आम भारतीय संस्कृति दुनिया की एक ऐसी विरासत है जिसमें दुनिया के सभी नस्लों की सभ्यताओं का प्रभाव देखा जा सकता है। भारतीय संस्कृति का सबसे महत्त्वपूर्ण हिस्सा लोक संस्कृति का है।"

जो दलित चिन्तक इन दिनों भारतीय संस्कृति की ओर नफरत से देखते हैं और उसका निषेध करते हैं, वे सुजाता पारमिता के इन लेखों को ज़रूर पढ़ें। 'आमची मुम्बई' में मुम्बई शहर की वे प्रशंसा करती हैं और प्रशंसा करने का अधिकार उनको है क्योंकि वे कई वर्षों तक दिल्ली तथा अन्य महानगरों में रह चुकी हैं। परन्तु उन्हें मुम्बई इसलिए अधिक महत्त्वपूर्ण और ज़रूरी लगती है क्योंकि अकेली स्त्री के लिए देशभर में सर्वाधिक सुरक्षित शहर मुम्बई है और इसको प्रमाणित करने के लिए गुजरात की जीमीबाई का, कोलकाता की आशा का, उत्तर प्रदेश की गहना यादव का, तमिलनाडु की सैल्वी का, सांगली की

जनाबाई पवार का और असम की दीपा के जीवन का उदाहरण देती हैं। ये सब स्त्रियाँ अत्यन्त सामान्य या कहें निम्न मध्य वर्ग की स्त्रियाँ हैं। परिस्थितिवश मुसीबतों को झेल कर वे मुम्बई आती हैं और यहाँ उन्हें आर्थिक, भावनात्मक आधार मिलता है। किसी भी प्रकार की हिंसा का शिकार न होते हुए वे पूरी हिम्मत के साथ यहाँ जीती हैं।

'साहित्य और दलित स्त्रीवाद' में वे इस बात को स्पष्ट करती हैं कि बौद्ध काल से आज तक यहाँ की स्त्री शब्द रूप में व्यक्त होती रही हैं। प्रमाण रूप में वे थेरी गाथा, वचन साहित्य ,सत्यशोधकी साहित्य, डॉक्टर अम्बेडकर और उसके पश्चात का आधुनिक दलित साहित्य प्रस्तुत करती हैं।

अन्तिम लेख 'लोकनृत्य में दलित स्त्री' है। यहाँ एक और सूत्र वाक्य वे लिखती हैं कि, "पाँचवें वर्ण ने ही सभी प्रदर्शनकारी कलाओं को मनोरंजन के रूप में जन्म दिया है।" सारी कलाओं के जन्मदाता पाँचवें वर्ण के लोग ही हैं। नौटंकी में सबसे बड़ी कलाकार स्त्री होती है ,पंडवानी में स्त्री केन्द्र में होती है, तीजनबाई का उदाहरण देती हैं और लावणी में भी स्त्री केन्द्र में होती है। तो राजस्थान के लोकनृत्य में भी स्त्री केन्द्र में होती हैं।

पुस्तक के अन्त में निष्कर्ष रूप में वे कहती हैं कि " हिन्दू धर्म के बाद जितने भी धर्मों ने भारत में जन्म लिया, उन सबने वर्ण और जाति का विरोध किया है।" यहाँ मैं सिर्फ एक शब्द का संशोधन करना चाहता हूँ। हिन्दू शब्द वास्तव में धर्म के रूप में बहुत बाद में स्थापित हुआ है। इसके पहले हिन्दू शब्द केवल स्थान वाचक शब्द था। हिन्दू धर्म शब्द का प्रयोग प्राचीन साहित्य में कहीं नहीं मिलता। वैदिक धर्म का उल्लेख मिलता है। इसीलिए हिन्दू धर्म के स्थान पर वैदिक धर्म का प्रयोग करती तो ज़्यादा औचित्यपूर्ण होता।

"संस्कृति ने सभ्यताओं का निर्माण किया है धर्म ने सभ्यताओं को नष्ट किया है।"

कुल मिलाकर इन लेखों को पढ़ते समय यह महसूस हुआ कि पारमिता एक ओर अतीत का उत्खनन करती हैं और वहाँ जो कुछ भी अच्छा है उसे सामने लाती हैं और जो नकारात्मक है उसका निषेध करती हैं। जो मनुष्य विरोधी है, स्त्री विरोधी है,उसका पर्दाफाश करती हैं। सभ्यता और संस्कृति की प्रशंसा करती हैं। दूसरी ओर वे वर्तमान का बहुत गहराई में जाकर विवेचन विश्लेषण करती हैं। वर्तमान के सामाजिक, आर्थिक, धार्मिक, राजनीतिक सभी आयामों का यहाँ विवेचन विश्लेषण है। इन छोटे-छोटे निबन्धों में भविष्य के प्रति आस्था व्यक्त हुई है।

इस देश के भविष्य को लेकर वे कहीं भी नकारात्मक नहीं लिखतीं। उल्टे उन्हें विश्वास है कि इस देश का बहुजन, इस देश की स्त्री धीरे-धीरे अपनी अस्मिता को लेकर, अपने परिवार के भविष्य को लेकर अधिक संवेदनशील होती जा रही है। और वह इस देश के भविष्य को बदलेंगी ऐसा विश्वास उन्होंने व्यक्त किया है।

इन लेखों को आज की नई पीढ़ी को पढ़ना चाहिए। विशेषत: दलित पीढ़ी को और सवर्ण पीढ़ी को भी। इन लेखों से सवर्ण आत्मपरीक्षण कर पाएँगे और दलित इन लेखों से आत्मपरीक्षण करते-करते अपनी दृष्टि में सकारात्मकता लाएँगे, इस विश्वास के साथ ...

❄